으라차차 K관광인

영원히 풍성하고 아름다운 여행 플래너로 사는 법!
5백 원 들고 상경해 K관광문화재단 설립하기까지의 Story

조태숙 지음

글로벌마인드

추천글

"전생에 나라를 몇 개 구하신 거예요?"

"대체 전생에 나라를 몇 개나 구하신 거예요?"

나는 조 대표를 만날 때마다 이렇게 묻는다. 보통사람은 일 년에 한두 번 하기도 힘든 해외여행을 조 대표는 열 번도 넘게, 그것도 돈 벌면서까지 다니는 사람이다.

어릴 때 아버지가 사주신 '김찬삼의 세계여행'을 표지가 나달나달해질 때까지 보면서 나도 이렇게 세계를 여행 다니겠다 목표를 세우고, 그 목표를 이루기 위해선 돈을 벌어야 한다는 '시크릿'을 그 어린 나이에 알아내고서는, 그걸 이뤄낸 사람이 영풍항공여행사 조태숙 대표이사다. 그리고 이제는 자기가 번 돈과 좋아했던 일을 더 많은 사람과 나누겠다고 K관광문화재단까지 설립한 참 보기 드문 사람이다.

나도 조 대표를 여행에서 처음 만났다. 십여 년 전 중국 쿤밍에 갔을 때였다. 아시아 최대 규모라는 관광박람회를 취재한 후 함께 참관했던 관광회사 대표들과 옥룡설산을 찾았다. 11월이었는데도 얼어 죽는 줄 알았다! 옷을 얇게 입은 데다가 평소에도 추위를 많이 타는 나는 일행이 주변을 돌아보는 시간에 뒤에 남아 기다리기로 했다. 그러다, 춥기는 엄청 춥고 암만 기다려도 아무도 돌아오지 않아 나는 그 나이에 성냥팔이 소녀(아닌 아줌마)처럼 울고 말았다. 그런데 그 모습을 목격한 그 많은 남자 사장님들이 추위를 많이 타시네, 하고는 그냥들 지나치는 게 아닌가.

그때 아무 소리 없이, 대뜸, 자기가 입고 있던 스웨터를 그냥 벗어 준 사람이 조 대표였다. 성경에 나오는 착한 사마리아인을 살아서 만나는 느낌이었다(알고 보니 조 대표도 추위를 무지 타는 체질이었다).

조 대표는 그런 사람이다. 이 책에는 조 대표에게 그런 태도와 캐릭터가 있어 지금의 성공이 가능했다는 것이 오롯이 드러나 있다. 나는 앉은 자리에서 단숨에 조 대표의 원고를 읽고는 몇 가지 교훈을 얻었다.

첫째, 목표를 세우면... '된다'.

나는 왜 이렇게 되는 일이 없을까. 우리 집은 왜 가난할까. 우리 아빠는 왜 사장이 아닐까. 요즘 MZ 세대, 이런 고민 많이 한다는 소리 들었다. 미안하지만 사치스러운 고민이다. 젊은 그대가 지금 해야 할 고민은 목표가 없다는 것이다. 목표부터 세우시라. 그러면 길은 보이게 돼 있다.

조 대표는 한가한 고민, 하지도 않았다. 자기가 좋아하는 것이 뭔지 어린 시절 일찌감치 깨달았고, 그 좋아하는 여행을 많이 하려면 돈을 벌어야 한다는 것도 어린 나이에 깨우쳤다. 그러려면 굳이 대학 갈 필요가 없다는 것도 발칙하게 알아냈다. 그래서 돈을 벌었다. 더 많이 벌기 위해 회사도 차렸다(구체적 방법은 책 속에 담겼다). 물론 부도 위기도 겪었다. 그런데 그때마다 그 위기를 넘어설 귀인이 나타났지 뭔가. 귀인을 만날 수 있는 비법이 뭐냐고?

둘째, 지금 당신 앞에 있는 바로 그 사람이 귀인이다.

흔히 인맥이 중요하다고들 한다. 학연 지연, 인간관계 네트워킹은 굉장히 중요하다. 그럼 좋은 대학 안 나온 사람은 어쩌란 말이냐. 특정 지역이거나 또는 특정 지역 출신이 아닌 사람은 어쩌란 말이냐. 욕 나오는 세상이 아닐 수 없다. 답답해 도사를 찾아가 거금을 바치고 물어보면 "동남쪽에서 도인을 만날 것" 같은 소리를 들을지 모른다.

신앙을 가진 조 대표는 그딴 데 흔들리지 않았다. 지금 당신 앞에 있는 바로 그 사람이 바로 귀인이기 때문이다. 쿤밍 설산에서 춥다고 울고 있던 사람에게 스웨터를 벗어준 그 인연이 십여 년 후 잡(job)에세이에 추천사를 쓰는 관계로 이어질 줄 누가 알았겠나 말이다.

이 책에는 조 대표의 성공을 도와준 숱한 인맥 스토리가 들어 있다. 하나하나를 들여다보면, 우리가 순간순간 가볍게 지나치는 일상이, 소소한 만남이, 짜증 나는 진상들이 얼마나 큰 선물이고 축복이며 귀한 인연들인지 알 수 있다. 이 책을 읽고 귀하의 인생관이 바뀔지도 모를 일이다.

셋째, 죽을 때까지 하고 싶은 일만 하면서 살 수 있는 길도 있다. 마음만 먹으면!

조 대표는 1970년대 그 당시 차비만 달랑 500원을 들고 상경했다. 그리고 10년 만에 아파트 두 채와 자동차 한 대를 뽑은 사람이다. 물론 당시는 한국경제가 붐붐 잘 나갔던 때였고, 여권(旅券) 뽑기가 하늘의 별 따기여서 조 대표 같은 '여권 박사'가 절실했던 시기이긴 했다.

하지만 지금이라고 해서 그런 '나만의 비법'이라는 게 없는 건 아니다(물론 조 대표같이 사장이 돼야만 성공이라는 의미는 절대 아니다). 솔직히 조 대표는 가방끈이 긴 것도 아니고, 미모가 뛰어난 것도 아니고, 나처럼 키도 작은 여자다. 그런데도 신문 사설 열심히 읽으라는 선생님 말씀 잘 듣고 사설 꼼꼼히 읽는 버릇을 들여서 지금도 만물박사 뺨친다. 무엇보다 '나는 죽을 때까지 여행하고 싶다'는 목표와 자신의 직업을 연결했다는 것, 심지어 그걸로 창업해 돈까지 벌었다는 점에서 조 대표 인생은 성공이다.

그 시크릿이 이 책에 담겼다. 중요한 것은, 그렇게 하겠다고 스스로 결심하고 실제로 행하는 것이다. 그것을 좀 더 일찍 알았다면, 금수저 은수저로 태어나지 않았다고 세상 원망하지 않아도, '아빠 찬스'·'엄마 치맛바람' 없다고 부모 원망하지 않아도, 지연 학연 심지어 예비군 인연도 없다고 괜히 남혐(남성 혐오)에 빠지지 않아도 됐을 것 같다.

대학 안 나오고, 단돈 500원만 들고 상경해도, 죽을 때까지 여행하고 싶다는 내 꿈을 이룰 수 있는 나라. 그것만 봐도 대한민국은 참 괜찮은 나라 아닌가. 그래서 자신이 번 돈과 경험의 사회 환원을 위해 웅장하나 굳이 요즘 열풍을 일으키는 시대 풍조인 'K'를 붙여 K관광문화재단을 세운 으라차차 조 대표에게 응원의 박수를 보낸다.

2023년 8월

동아일보 대기자 김순덕

머리말

오늘도 나는 희망을 쏘아 올린다

볼을 차갑게 얼어붙게 하던 바람결이 차츰 누그러졌다가, 이제는 짙은 녹음과 물기 어린 바람결이 맨살에 스쳐 온다. 겨울에서 봄, 봄에서 여름. 나무도 꽃도 하늘도 아닌 바람결 하나로 나는 새로운 계절이 오고 있다는 걸 온몸으로 느낀다. 내가 하는 일은 거리에서 거리로 뛰며 트랩을 오르길 희망하는 사람들의 소망하는 염원을 숙제 풀듯 풀어나가는 일이다. 그래서 내게 계절과 바람은 각별한 감회로 다가온다.

여행·관광업계에 입문한 지 벌써 45년.

온갖 서류를 감당하지 못해 동분서주하던 나는 처음엔 하나의 항공권이 꿈속에서도 날개를 달고 날아다녔다. 수첩 속에 가득 찬, 해내야 할 일들이 그저 까마득하여 마음만 급했던 기억도 새롭다.

남자들만의 영역처럼 생각되던 분야에서 "여자니까" 하며 대강 넘어가는 고정관념을 깨뜨리는 데도 물론 상당한 노력이 필요했다. 일이 너무 힘들어 이루 헤아릴 수 없이 포기할까도 생각했지만, 다음날 새벽이 되면 언제 그러했느냐는 듯 나도 모르게 눈이 떠져 전날 빠진 여권 발급

자료를 챙겨 대사관에 제출하고 나면 왠지 모를 뿌듯함이 마음 한편에 솟구쳐 전날의 노고를 까마득히 잊곤 했다.

누군가의 손과 발이 되고 누군가의 희망을 위해 애써서 도와주는 일에 보람과 기쁨을 누린다는 건 바로 내 타고난 천성이요 그러한 업무는 내 천직이라는 확신에 사로잡혀 수십여 년을 달려왔다.

지난 45년 동안 내가 줄기차게 달려올 수 있던 힘은 여행 알선 업무를 진행하면서 느끼는 형언할 수 없는 보람에서 나왔다고 말할 수 있다. 내가 해온 일은 다른 직종의 전문가들이 수행하는 일과는 왠지 다르게 하루하루 일과가 늘 새로웠다. 새로운 사람을 만나고 새로운 인생관을 배우고 마주 대하는 고객들의 지위 고하를 막론하고 생활인으로서의 사람 됨됨이를 가늠하게 되는 안목(眼目)으로 아름다운 만남을 계속해 왔다. 그리하여 만나는 사람들 한 분 한 분을 거울삼아 늘 자신을 돌이켜 보고 반성하는 마음의 뜨락을 소유할 수 있었다.

그동안 내가 만났던 사람들 가운데 어떤 분은 정(情)의 소중함을 일깨워주었고 어떤 분은 마음에 그릇을 갖는 방법을 알려주었다. 어떤 분은 검소함을, 어떤 분은 순수함을, 어떤 분은 의지를 나에게 가르쳐 주었다.

인간관계처럼 어렵고 미묘한 것이 없다고 하나 한 사람 한 사람에게 진실로 대하면 그 진실은 서로 통하고 다른 언어를 구사하는 외국인이라 할지라도 가슴으로 느끼고 서로 신뢰할 수 있다는 것도 배웠다. 왠지 왜소

하고 방향 감각을 잃곤 하던 어린 나는 그런 사람들을 만나고 그런 사람들과 교류하며 이제 내 인생을 스스로 책임지고 두 발로 튼튼하게 살아가며 나만의 미지의 세계를 개척해 나가고 있다.

어떠한 분야의 여러 일도 마찬가지겠지만 가장 중요한 것은 성실성이요, 자기 일에 대한 애정과 애착이 중요하다는 것을 배우곤 한다. 앞으로도 나는 이 여행·관광문화산업의 창달에 일익을 담당하려는 일념으로 더욱 최선을 다하며 매일 처음 시작하고자 하는 마음가짐으로 고객과 마주 대하려고 한다. 그동안 수많은 사람의 여권을 만들어 주고 마치 숨바꼭질하는 듯한 긴박감 가운데 가까스로 항공기의 빛나는 기체 안으로 들어가는 단체 고객들의 기쁨과 함께해 왔다.

바람결로 계절을 감지하고 운동화의 뒤축을 수시로 갈면서까지 동분서주하며 떠나고 돌아오는 사람들의 얼굴에서 미소를 보게 되길 바라는 것, 그것이 내 일이요 보람이라고 생각한다. 그러한 나의 신실한 행보가 신뢰할 수 있는 여행업자의 이미지를 만드는 첩경이자 비결이라고 스스로 위안을 삼곤 했다.

언제나 미지수처럼 여겨지는 몇 월 며칠의 기일을 앞에 두고 늘 신는 운동화의 뒤축이 닳도록 뛰면서 일을 성취했을 때의 기쁨은 창작자가 작품을 완성할 때의 기쁨과 버금가리만큼 내 마음을 가볍게 한다. 그 기쁨을 누리고 나서야 비로소 배가 고프고 비로소 목이 마르다는 것을 인식하곤 한다. 그 성취의 기쁨들. 이제 새로운 계절을 맞이하면서 나는 더 바빠진 일상을 위해 새롭게 만나는 매일 매일에 감사하게 된다.

예나 지금이나 나는 내 삶을 힘겹다고 생각해 본 적이 없다. 그렇게 나는 순간순간의 내 삶을 우직하게 열심히 즐기면서 살아 오다 보니 오늘에 이르게 되었다. 내 삶은 결코 성공한 삶이라고 생각하지 않는다. 그저 나는 내가 하고 싶은 일을 하면서 매 순간 최선을 다하면서 열심히 살았을 뿐이다. 그렇게 생활해 온 내가 성공한 여성 경영인 중의 한 명으로서 이 글을 당당하게 쓸 자격이 과연 있는지 마음으로 자문하게 된다.

나는 이 책이 성공한 여성 관광인이라기 보다는 관광인으로서 나의 지나온 세월을 되돌아보며 스스로 채찍질하는 계기가 되고, 또 내 이야기를 읽는 관광인과 관광학도와 일반인들에게 조금이나마 용기를 선사하고 타산지석의 참고자료이자 길잡이가 되었으면 하는 소박한 바람으로 이 책을 펴내고자 한다.

2023년 8월

조태숙

차례

추천의 글 "전생에 나라를 몇 개 구하신 거예요?"
머리말 오늘도 나는 희망을 쏘아 올린다

1	오늘과 내일의, 꿈꾸는 관광인들에게	18
2	타고난 저마다의 소질을 개발하고 …	28
3	야망의 꿈을 보듬어 키운 유년 시절	40
4	은사님 덕분에 책을 평생 벗으로 삼다	50
5	강원도 정선 오지로 김정선 선생님 찾아가다	60

6	불원천리(不遠千里) 김동길 교수 댁을 찾아가다	70
7	소양 교육 실무자로 숱한 VIP들과 조우하다	82
8	딱한 처지 이웃 아낌없이 성원	92
9	차비 5백 원 달랑 들고 상경해 차·집 장만	100
10	여기저기 부동산 투자해 성공	110
11	여행업계 5년만에 '여권 박사'로 발돋움	120

차례

12	여행업에 대한 천직 의식으로 발군의 노력	128
13	70년대 출국 수속 난제 해결사 되다!	136
14	유명 연예인들 해외 출국 손발 되다	146
15	'소울메이트' 최미선과 영풍호 닻을 올리다	152
16	여행사 CEO로서 겪은 고뇌	164
17	IMF·사스·코로나 빙하기 위기를 기회로 삼다	174

18	인자 요산요수, 산에서 답을 찾다	182
19	영원히 풍성한 여행을 디자인하다	190
20	가까울수록 미안한 관계, 가족에 대해	200
21	한국관광문화재단 설립, 그 창대함을 위해	210

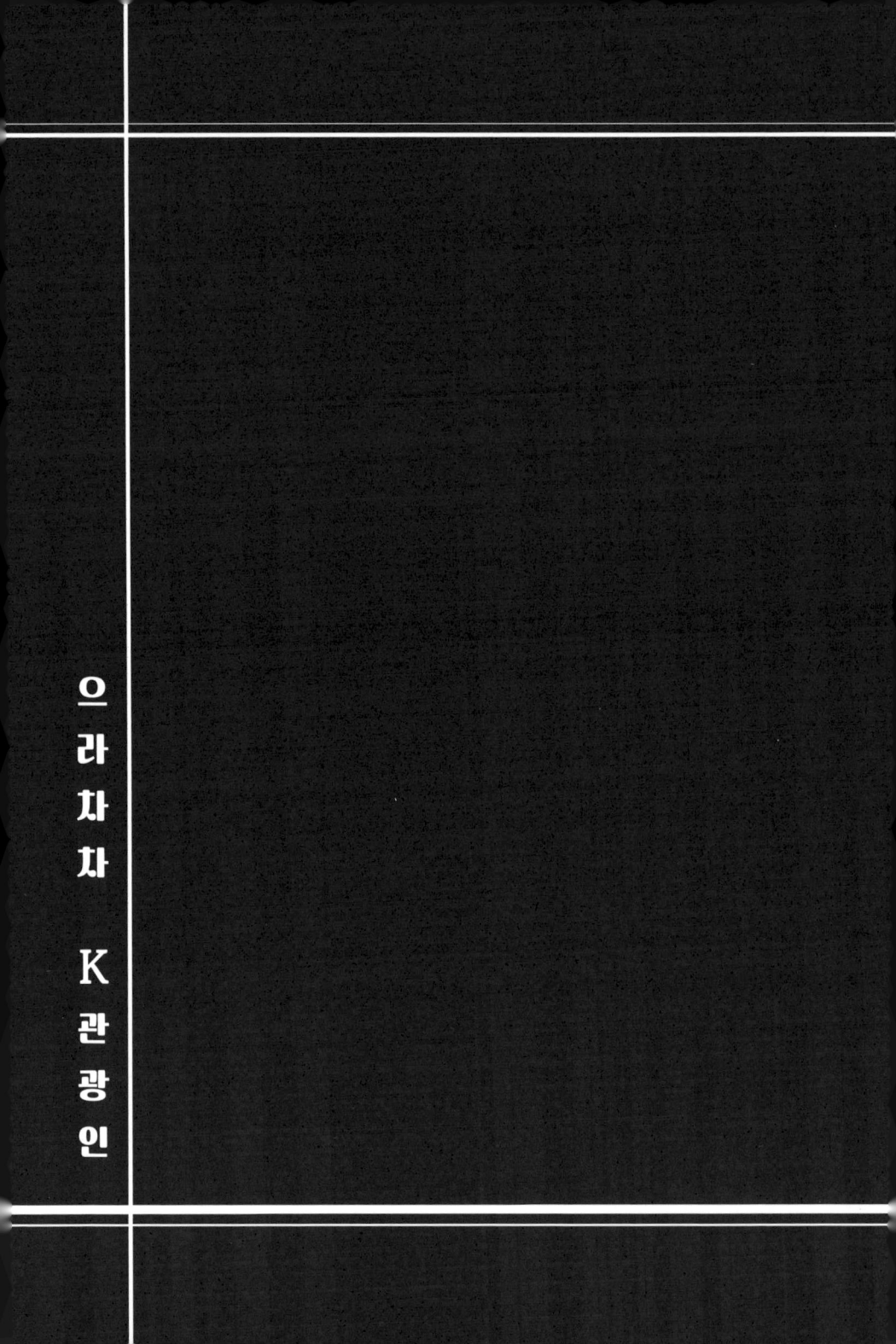

제 1장

오늘과 내일의, 꿈꾸는 관광인들에게

꿈을 안고 무엇인가 할 수 있다면 그것을 시작하라.
새로운 일을 시작하는 용기 속에 당신의 천재성과 능력과
기적이 모두 깃들어 있다.
- 괴테

"하늘이 장차 그 사람에게 큰 사명을 주려 할 때는 반드시 먼저 그의 마음과 뜻을 흔들어 고통스럽게 하고, 그 힘줄과 뼈를 굶주리게 하여 궁핍하게 만들어 그가 하고자 하는 일을 흔들고 어지럽게 하나니 그것은 타고난 작고 못난 성품을 인내로서 담금질를 하여 하늘의 사명을 능히 감당할만 하도록 그 기국(器局_사람의 도량과 재능)과 역량을 키워주기 위함이다."

맹자(孟子) 진심장에 나오는 한 구절이다. 나는 이 구절을 지난 2019년부터 2022년까지 마치 3차 세계대전의 포화로 전 세계가 쑥대밭이 되고만, 3년 동안 이어진 코로나 빙하기 그 기간 내내 자주 음미하곤 했다.

그 기간 동안 우리나라 거의 모든 여행사들은 기나긴 개점휴업 상태가 지속돼 다들 존폐의 기로에 서야 했다. 전국에 산재해 있는 수만여 여행사 CEO는 그렇다 해도 하루아침에 실업자로 전락한 여행사 직원들은 일생일대 최악의 암흑기 가운데서 피눈물을 흘려야 했다. 혹독한 시련의 엄습이 장기화되면서 가시밭길 너머 캄캄한 앞날이 펼쳐지는 것 같아 암담하기 그지없었다.

얼마 전에 나는 '스타 탄생의 비밀, 보이지 않는 우주의 지배자는?'이라는 한 신문 기사를 읽으며 내가 간과했던 한 사실이 내 마음 깊이 잔잔한 여운으로 다가왔다.

과학자들은 광활한 우주에서 지구·별과 같은 실체가 규명된 물질의 집합체는 우주 전체의 5% 미만에 불과하다고 한다. 나머지 우주의 95% 이상을 채우는 건 암흑물질과 암흑에너지라고 한다. 우주의 26% 가량을 차지하는 암흑물질은 입자 형태로 이뤄져 빛에 반응하지 않아 눈에 보이지 않으나 이 암흑물질이 아름다운 별과 은하를 이루는 씨앗이 된다고 한다. 이 암흑물질이 뭉쳐 강한 중력을 발휘하면서 원자와 가스 등의 물질을 끌어모아 비로소 별(스타)이 탄생한다고 한다. 눈에 보이지 않는 힘인 암흑물질이 은하와 은하 사이에 존재하면서 은하를 붙잡아 두는 힘을 발휘한다니 얼마나 놀랍고 신비한 일인가.

<인간자연생명력연구소> 서광원 소장은 한 신문 칼럼에서 "보이는 게 전부가 아니다. 위기는 물론 기회 역시 진짜는 언제나 눈에 보이는 것 너머에 있을 때가 많다"라고 적었다.

지난 3년여의 코로나 빙하기 대재난은 우리나라와 전 세계의 여행·관광인들에게 형언할 수 없는 역경의 나날을 강요했다. 하지만 더 긴 안목에 보면 그토록 잔인한 빙하기 너머에는 우리가 미처 인지하거나 깨닫지 못한 더욱 풍요롭고 보람찬 새 희망의 지평선이 펼쳐지리라 믿고 싶다. 코로나 빙하기의 그 암흑에너지가 우리가 염원하는 새 은하(갤럭시)의 탄생을 앞당길 수 있으리라 믿고 싶다. 내가 좋아하는 서정주 시인의 <국화 옆에서> 시 중 다음 시구가 마음에 와닿는다.

"한 송이의 국화꽃을 피우기 위해 천둥은 먹구름 속에서 또 저렇게 울

었나 보다."

나는 오래 전부터 내가 진정 원하고 나를 살맛나게 하고 나에게 주어진 삶을 신명나게 살아갈 수 있는 일을 하리라 내 마음 깊이 속삭이며 다짐하곤 했다. 이와 관련해 최근에 [최인아 책방] 최인아 대표가 쓴 일간지 한 칼럼에서 다음과 같은 문구가 마음에 와닿았다.

"세상의 어떤 일, 이를테면 자신의 명을 아는 일은 시간을 들여야 가까스로 이루어진다. 버튼을 누르면 바로바로 원하는 게 나오는 게 아니라는 얘기다. 이런 인생 숙제는 매뉴얼대로 하면 누구나 비슷한 결과를 얻을 수 있는 것과는 성질이 달라서 꼭 당사자가 한 땀 한 땀 가내수공업 하듯 시간을 들이고 수고를 들여야 풀린다. 우리는 얼굴도 기질도 생각도 능력도 다 다른 존재이므로 내게 맞는 것은 내가 찾아내야 한다."

이러한 지적과 같이 인생에서 내가 내린 선택 하나 하나는 늘 소중한 것이었다. 그리고 내 평생의 소명으로 여행업을 선택하고 여행 비즈니스를 수행해 왔다는 것은 어떻게 보면 굉장한 행운이자 기회였다. 정말 여행업이 좋아서 선택한 일이라면 절대 포기할 필요가 없다. 여행·관광업은 여느 업종이나 마찬가지로 부침이 있으나 긴 안목에서 볼 때 자기 일한 만큼은 얼마든지 보답받으면서, 자신이 좋아하는 일을 무궁하게 찾을 수 있는 벤처사업이자 예술사업이다. 또한 여행만큼 인간의 삶과 가까운 분야도 없다. 살아간다는 것은 여행 자체다. 또한 이 세상에서 열심히 살다가 죽으면 또 다른 데로 여행을 가는 것이다.
'Life is journey, die is journey.'
내 평생의 지론이다.

다른 훌륭한 일도 많지만, 삶을 즐기는 이에게 여행업만큼 매력적인 것은 없다. 이 분야의 첫 번째 장점은 남의 즐거움을 더 즐겁게 해주는 일이라는 데 있다. 남의 즐거움을 배가해주는 동시에 내가 즐거울 수 있는 직종이다.

외람된 주장이지만 여행 비즈니스는 몇몇 인기 직종처럼 부정적이거나 안타까운 상황(사건·사고)에 직면하게 된 고객들을 도와주는 분야와는 달리 언제나 즐거운 마음으로 찾아오는 고객들과 함께 멋진 행복을 모색해 나아가는 그런 직종이다. 좋은 일을 기리거나 상황을 보다 좋게 만들고자 찾아오는 고객들의 행복을 증진하고 그 과정에서 여행업 종사자들도 기분 좋게 업무를 수행하게 돼 누이 좋고 매부 좋은 분야다. 한마디로 나와 고객 모두에게 힐링이 되는 분야다.

또 이 일에는 정년이 없다. 내 체력이 소진되기까지 할 수 있는 거다. 숨만 쉴 수 있다면, 건강이 허락하는 한 말이다. 그렇기에 여행업 종사가 힘들지라도, 절대 포기하지 말고 좋아하는 것을 찾아 열심히 하면 누구에게나 기회가 오게 돼 있다. 그 기회를 잡으면 아주 밝은 희망과 비전이 보일 거다.

앞서 지적했지만, IMF 사태, 글로벌 금융위기, 코로나 빙하기 등 주기적으로 엄습해오는 재난 상황과 같이 비 온 날이 있는 반면 해 뜨는 날이 있다고 생각을 하고, 이럴 때도 있고 저럴 때도 있음을 알고 그런 상황이 왔다고 해서 100% 다 안 좋은 건 아니라는 사실을 직시하도록 하자. 뭐든지 하나 좋으면 하나 나쁜 게 나오고, 하나 나쁘면 그다음 하나는 좋은 게 나온다. 여러 가지 양면성이 있는 것이 인생지사이기에, 자신이 이 길을 선택했다면 포기하지 말라는 말을 꼭 건네고 싶다.

윈스턴 처칠이 하버드대 졸업식에서 "Never give up!"이란 말만 반복해 외쳤다.

아주 무궁한 세계가 펼쳐지는 여행업에 몸담으면서 뭐든지 잃으면 얻게 돼 있고 얻으면 잃게 돼 있으니까 잃는 거에 대해서 너무 가슴 아파하지 말자! 절망의 시기라 할지라도 희망의 끈을 놓지 말고, 붙잡고 도전하다 보면 새로운 기회의 통로가 언제든지 기다리고 있다. 그 기회를 잡는 순간 다른 기회들은 봇물처럼 터지게 된다.

이 업계가 갖는 매력에도 불구하고, 종종 제조업이나 IT산업과 같은 다른 업종, 대기업 등과 비교했을 때 여행·관광산업은 일의 강도도 심하고 그에 비해 수익이 박하다는 세평을 접하게 된다. 언제 망할지도 모르는 직업이라고 폄훼하기도 한다.

하지만 무엇이든 하기 나름일 뿐이다. 통상적으로, 그런 경향이 있다는 것이지 결국에는 자신이 몸담은 곳에서 스스로 꾸준히 하기 나름인 거다. 그렇기에 계속해서 아이디어를 찾고 시장을 분석하고 연구해, 머리를 쓰면 나는 여행업에 길이 많다고 본다. 내가 직접 40여 년을 이 분야의 구석구석을 섭렵했기에 확언할 수 있다.

대한민국 정부1호 통역사로 32년간 우엔총회 등 국제무대를 누비며 여전히 왕성하게 맹활약하고 있는 서울외국어대학원대학교 통번역대학원 임종령 교수는 최근 한 일간지와의 인터뷰에서 "일과 삶의 균형(워라밸)이 강조되는 시대이지만 간절히 이루고 싶은 목표가 있다면 온 힘을 쏟아붓는 시간이 필요하다. 성취를 위해선 몰두할 시간이 필요하고, 이 경험은 삶을 견고하고 가치 있게 만드는 것"이라고 설파했다. 나는 이 주장에 깊이 공감한다.

나 역시 "간절히 원하고 전력을 다해서 노력하고 그 일을 즐길 수 있다면 반드시 만족할만한 결과를 얻어 낼 수 있다"라고 생각한다.

나는 우리도 자신의 역량을 간파하고, 자신이 이 업계에서도 가장 잘 할 수 있는 분야를 계속 공부해 자신에게 맞게 발전시켜 나아가면 얼마든지 깜짝 놀랄만한 성과를 거두는 주인공이 될 수 있다고 생각한다.

으라차차 K관광인

제 2장

타고난 저마다의 소질을 개발하고...

당신의 행복은 무엇이 당신의 영혼을 노래하게 하는 가에 따라 결정된다.
- 낸시 설리번

나는 오랫동안 여행 비즈니스 활동을 전개하며 소기의 성과를 거두는 데 있어서 가장 중요한 자질이나 비결이 무엇이냐는 질문을 귀가 따갑도록 받곤 한다.

나는 주변 사람들이 커리어우먼으로서의 성공 비결이 무엇이냐고 물으면 사람을 잘 사귀어야 한다고 즐겨 말한다. 인간 교류를 통한 네트워킹 구축 역량이 여행업 성패를 좌우한다. 뭐든지 인생만사라는 게 그렇다고 생각한다. 언제 어디서 누구를 만나서, 누구와 어떻게 무엇을 하느냐, 자신이 상대를 어떻게 대하고 어떤 인간관계를 구축해 나가느냐에 따라서 자기 운명이 자연스레 정해지기 마련이다.

나는 본래 빼어난 두뇌와 내로라하는 학벌이나 빼어난 외모 조건 등 이른바 겉보기 스펙에 있어서 특별히 자랑하거나 내세울 만한 게 없다.

하지만 나는 옛 어른들이 "옷깃만 스쳐도 인연이다"라고 강조해온 격언의 중요성이 내 의식구조 깊이 박혀 있다. 그래서 어떤 모임에나 행사를 통해 이뤄지는 그러한 만남의 인연을 남다르게 여겨왔다. 지금으로부터 12년 전인 2011년 10월 말 늦가을 어느날 나는 중국 서부 지역에 있는 윈난(雲南)성의 성도이자 '영원한 봄의 도시'라고 불리는 쿤밍(昆明)에서 2년마다 열리는 중국국제관광박람회에 우리나라 여행·관광업계 인사 수십여 명으로 이뤄진 한국대표단의 일원으로 참석했다. 그 사절단에는 나를 제외하고는 홍일점으로 요즘 정문일침 필봉으로 일세를 풍미하는 언론인인 동아일보 김순덕 대기자도 끼어 있었다. 당시 한국 대표단은 박람회 참석 일정 외에도 행사 후 초청 여행(팸투어) 일정을 소화했다. 주지하다시피 쿤밍의 지리적 위치는 타이베이와 비슷한 위도로 적도에 가까우나 해발 고도가 백두산보다 훨씬 높은 1,890m 고산지대여서 연중 봄철 날씨를 나타내는 '아열대 고원기후' 지역이다. 아침저녁으로 일교차가 심하고 평균 기온이 서울보다도 8~10도 낮은 기온대를 유지해 이곳의 설산(雪山)으로 여행을 떠나면서 위도 하나만 보고 가벼운 옷차림으로 가면 아침저녁 무렵 싸늘한 날씨가 살갗을 파고든다는 기분이 들 정도로 오한에 오들오들 떨기 십상이다.

당시에 김순덕 대기자는 쿤밍과 같은 고산지대로의 여행 경험이 부족하다 보니 미처 가디건 등 변화무쌍한 날씨에 걸맞는 여벌의 옷차림을 준비하지 못한 듯 보였다. 김 기자는 우리나라에서의 옷차림으로 산악 지역 투어에 참가하다 보니 보기 안스러울 정도로 부들부들 떨며 눈물을 흘리고 있었다. 나는 그 광경이 너무 안타깝고 불쌍하다고 여겨 별다른 생각 없이 반사적으로 내가 입고 있던 스웨터를 벗어서 끼어 입도록 배려했다.

그런데 김 기자는 나의 그러한 사소한 친절과 호의에 관해 무척 고마워했다. 김 기자는 이와 관련해 "당시 우리 사절단에 속한 수십여 명의 남자들은 그러한 광경을 나몰라 했는데 당신은 이웃의 딱한 처지를 그냥 지나치지 않고 호의 베풀기를 마다하지 않는 진정한 사마리아인"이라며 두고 두고 그 고마움을 잊지 않고 내가 베푼 것 수백 수천 배 이상으로 나에게 되갚고 있다.

쿤밍에서 서울로 돌아온 후 김 기자는 그 소소한 베품에 대한 고마움을 잊을 수 없었는지 나와 영풍항공여행사를 도와줄 방안을 다각도로 모색해 유럽 테마여행 인센티브여행 프로그램인 '꽃보다 클래식' 행사를 기획했다. 고가·고품질의 여행상품이다 보니 수익성도 좋았던 이 행사는 동아일보사가 주관하고 우리가 수년 동안 행사 진행 일체를 도맡아서 큰 도움을 받을 수 있었다. 그 뿐만이 아니다. 그 일이 있고 난 후 10년이 지난 지금까지 김 기자는 매년 여러 번 서울의 유명 레스토랑으로 나를 초대해 최고급 메뉴에 정성 가득한 선물을 곁들여 푸짐하게 베푸는 것을 계속해 오고 있다.

우리 속담에 "되로 주고 말로 받는다"라는 말이 있다. 이는 "조금 주었는 데 나중에 준 것보다도 열 배나 많은 것을 되돌려 받는다"라는 뜻이다. 이 일을 통해서 나는 평상시 누군가에게 작은 호의를 베푸는 것의 중요성을 여실히 깨달았다.

이처럼 영풍항공여행사가 오랜 세월 발전하며 지금까지도 잘될 수 있었던 요인을 찾아본다면, 일말의 고민 없이 '사람'이라고 단언할 수 있다.

나는 한번 인연을 소홀히 하지 않으려고 무던히 애썼다. 마음이 맞는 사람들과는 끈끈한 우정을 계속 유지해왔다. 사람은 언제나 내 인생에 있어 나를 정신적으로 지탱해 준 희망이었다. 단순한 'give & take(주고 받기)' 관계가 아니라 마음과 마음으로 소통하는 친구들이 내 주변에 많다. 그들에게는 언제나 감사한 마음뿐이다. 같은 동네에서 나고 함께 자라 창작의 길을 거닐고 있는 내 죽마고우 임유순 등 학교 친구들과 사회에서 한 40년 이상 지긋한 우정을 나눈 사람들이 100명이 넘는다. 그런 이들은 이젠 단순한 사회 친구의 범위를 넘어서 자매 관계라고 생각한다. 그리고 소중한 인연으로 나를 믿고 영풍항공여행사와 함께해 주었던, 유희정 실장을 비롯해 20년 이상 장기 근속한 모든 직원들은 물론 단골고객들까지 그 인맥 리스트를 이루 다 열거할 수 없을 정도다. 좋은 사람들과 오랫동안 좋은 인간관계를 유지할 수 있었던 으뜸 비결은 진실과 신뢰라고 말할 수 있다.

한편 나는 사춘기 학생 시절 또래 아이들과는 달리 사회 운동에 관한 관심이 지대했다. 중학교 때 신문을 통해서 사회와 세계의 흐름을 터득하고 이에 눈이 뜨이게 되면서, 한때는 독재에 항거하던 김동길 교수를 면회하려고 상경까지 했던, 그런 불타는 도전 정신이 있었다. 내가 고교 졸업 후 바로 대학을 가거나 그랬다면 운동권의 대모가 되었을지도 모른다.

어찌 보면 사춘기 때의 열정으로 정치 쪽으로 발을 내딛을 가능성도 있었지만, 여태까지 정치는 일절 관여한 적이 없다. 내가 정치에 몸담을 실질적인 능력이 되는지에 대한 것은 제쳐두고, 애초에 정치의 세계는 나의 적성에 안 맞았다. 정치판은 진실성에 기초해 움직이지 않는다고 보기 때문이다. 인생이란 인간관계에서 출발하는 것인데, 그리고 진실성이야말로 인간관계의 전제라고 생각하는 내게 우리나라의 정치 시스템은 어울리지 않는다고 생각했다. 무엇보다도 사회적인 문제와 이념 등 여러 요인 등이 너무나도 복잡하게 얽혀 있기에 더더군다나 나는 그 세계를 좋아하지 않았다. 여행업에서는 행복한 시간을 만끽할 수 있는데 정치를 하게 되면 행복한 시간은 별로 없을 것 같았다. 그건 내 머릿속만의 추측이 아니라 공공연한 사실임을 언론보도만 봐도 알 수 있다. 진실과 신뢰를 기반으로 하지 않는 인간관계는 행복할 수가 없고, 영원하고 풍성한 미래도 기대할 수 없다.

사람 다음으로 내가 중요하게 여기는 것은 독서다. 독서는 생명이라고 본다. 우리가 음식을 먹어서 몸의 영양분을 채운다면, 정신의 영양분을 채우는 것은 독서다. 그야말로 영혼의 양식이다. 음식을 안 먹어서 생명이 끊어지듯이 독서를 하지 않으면 정신적으로 생명력이 고갈된다. 누구나 맑고 단단한 정신력을 가지고 싶어 하는데, 이는 꾸준한 독서와 그로 인한 좋은 생각으로부터 나온다. 매일 좋은 생각을 얼마큼 많이 하고 그 좋은 생각에 의해 좋은 행동을 또 얼마나 많이 하는지에 따라 좋은 결과로 나타나기 마련이다. 좋은 생각으로 하루를 가득 채우고 미래를 살아나가기 위한 지름길은 누가 뭐래도 독서다.

Chat-GPT · AI 시대에 앞으로 어떤 사람들이 성공하는가 다들 궁금해 한다. 세간에서는 질문을 잘하는 사람이 성공한다고 한다. 그리고 내가 터득한 것은 질문을 잘하려면 아는 게 많아야 되고, 또 평상시 갈고 닦은 사유의 깊이가 남달라야 한다고 본다. 아는 게 없고 사유의 깊이가 얕으면 질문의 초점이 흐려지고 상대방이 이해를 못하고 원하는 답을 효과적으로 얻을 수 없다. 결국은 자기가 아는 만큼 질문할 수 있는 거고 아는 만큼 보이고 아는 만큼 우리가 행하는 거다. 그러니 어떤 분야 지식의 깊이를 더하기 위해 다양한 강연을 들으러 다닐 수도 있고 사람들을 만나서 대화로 원하는 해답을 듣는 것도 좋으나 그런 시도와 방법에는 어쩌면 시공간적인 한계가 있다.

하지만 책 속에는 무한대 우주의 오묘한 진리와 비밀에 대한 해답이 다 숨어 있다. 직접적으로 사람을 통해 얻고 배우는 것도 효과가 있지만 가장 폭넓고 섬세하고 다양하게 사유의 깊이를 더하는 방법은 역시 독서다.

평상시 독서를 즐기기보다는 아는 지인들이나 친구를 만나 수다 떠는 재미로 스트레스를 해소하는 사람이 우리 주변에 꽤 많다. 물론 그런 사교 활동도 재미가 있다. 어쩌면 그런 활동을 멋지게 즐길 수 있는 기본기조차 일단 독서로 배양해야 한다고 본다. 그러한 기본기를 구비하고 있어야 누군가와의 수다도 더욱 흥미진진해진다고 나는 생각한다.

여러모로 시간이나 자금력의 여력이 없거나 건강이 안 좋아서 비행기로 나라밖 여행을 떠나기가 여의치 않다면 관련 도서를 탐독함으로써 나름 간접여행을 즐길 수 있다. 오히려 그러한 간접여행의 행위가 더욱 진지하고 깊이가 있고, 그 폭이 더 넓다면 직접여행과 비교해 훨씬 무궁무진한 여행 체험으로 승화할 수 있지 않을까 싶다.

이와 같이 독서는 멈출 수 없는 일이요 인생의 필수과목이 되어야 한다고 본다. 더욱 멋진 삶을 살고자 한다면 우리가 숨을 쉬는 한 하다못해 주변에 널브려져 있는 찌라시라도 읽어야 되지 않을까 싶다. 나는 이 땅에서 태어나 숨이 끊어지는 순간까지 무엇인가를 읽어야 한다는 의식 구조가 뼛속 깊이 배어있다. 삶의 처음이자 마지막이 독서가 되어야 한다고 나는 생각한다.

내가 초등학교 시절 달달 외웠던 국민교육헌장에 "저마다의 소질을 개발하고 우리의 처지를 약진의 발판으로 삼아, 창조의 힘과 개척의 정신을 기른다. 신념과 긍지를 지닌 근면한 국민으로서, 민족의 슬기를 모아 줄기찬 노력으로 새 역사를 창조하자"라는 구절이 있다.

초등학교를 졸업하고 오랜 세월이 지났는데도 나는 종종 국민교육

헌장을 읊조리곤 한다. 명문장으로 가슴에 와닿기 때문이다.

　누구에게나 자신의 타고난 소질이 있다. 저마다의 소질을 찾아서, 이를 가지고 최선을 다해서 열심히 살면 된다. 그렇다면 자신의 소질을 확인하는 방법이란 무엇일까. 나를 알고 나를 발전시키기 위한 출발점은 좋은 생각에 있다고 본다. 생각을 잘해야 멋진 행동이 가능하고, 좋은 행동을 많이 하게 되어 그것이 차곡차곡 쌓여서 좋은 결실로 귀결된다고 나는 믿는다. 우리는 저마다의 소질이 있기에 좋은 생각을 통해 자기를 잘 알아내고 좋은 깨달음을 얻을 수 있다. 특히 독서와 묵상을 통해 나와 세계의 실존에 대한 정수를 찾아낼 수 있어야 한다. 그건 두고두고 진리인 것 같다.

　올해 93세인 김성수 성공회 은퇴 주교는 한 일간지와의 인터뷰에서 스스로 "여느 노인과 마찬가지로 온갖 질환을 앓는 종합병원이나 건강을 위해 아무 운동도 하지 않는다"라며, "다만 하나님과 부모님이 주신 대로 살며 '좋다, 좋다', '기쁘다, 기쁘다', '된다, 된다'를 늘 되뇐다"라고 했다.

　최근 소설집 [연수]를 펴낸 장류진 작가는 "청춘에게 고통만 있다고 생각하지 않으려 해요. 삶을 자세히 들여다보면 슬픔만큼 기쁨도 존재하니까요"라고 한 언론과의 인터뷰에서 말했다.

　나는 어제도 오늘도 내일도 늘 변함없는 마음가짐으로 좋아하는 일을 찾아 열심히 즐기며 공부하며 여행하며 살아가고 있다. 그처럼 영원히 풍성하게 되도록 매일 매일 기도한다.

지금부터는 오늘날 내가 이렇게 멋진 나날을 보내기까지 온몸으로 체험하고 세상과 부딪히며 체득한 나의 진솔한 이야기 보따리를 연대기 순으로 보다 구체적으로 풀어보고자 한다.

제 3장

야망의 꿈을 보듬어 키운 유년 시절

인생에서 원하는 것을 얻기 위한 첫 번째 단계는 내가 무엇을 원하는지 결정하는 것이다.
- 벤스타인

인생이란 아무 관련 없는 단편적인 장면들의 나열처럼 보인다고 해도 하나의 선으로 이을 수 있는 것이 인생이다. 나의 인생 여정은 어찌 보면 당연히도 고향으로부터 자양분을 공급받아 발아했다고 할 수 있다. 내 고향은 경기도 오산의 작은 읍이다. 1957년, 4남 2녀 중에 막내로 태어나 모두의 귀여움을 받으며 자랐다.

오산의 시골 동네에서 우리 집은 부잣집이었다. 부모님이 오산에서 굴지의 해산물 상회를 운영하셨는데, 아버지가 오산 지역 생선 공급 도매상의 대표 주자였다. 오산은 바다와 맞닿아 있지 않지만, 수원에서 해산물을 가져다가 오산 전 지역 소매상에 생선을 공급하는 어물전 총판 역할을 부친께서 맡으셨다. 이제는 큰오빠가 가업을 이어 2대째 운영하는 '100년 문화재 가게(오산해산물상회)'가 되었다. 그때는 오산시장에 있는 가게, 20개 이상의 가게가 모두 우리 가게였으니 나름 자긍심을 가질 법도 했다. 오산 시내에서 동네 어디든 택시 타고 "우리 아버지 집으로 가달라"라고 하면 기사들이 다 알아서 데려다 줄 정도였.

우리 집의 첫째이자 맏딸인 언니는 나와 나이 차이가 20살 가까이 났으니 거의 한 세대 차이였고, 큰언니가 거의 나를 기른 셈이었다. 말하자면 나를 포함한 모든 동생에게 엄마 역할을 했다. 나는 큰언니의 사랑을 받으며 네 명의 오빠들하고 어울려 자라다 보니 거의 남자 같이 자랐다. 다소곳하면서 지고지순한 부잣집 딸 이미지는 나에게 한 톨도 찾아볼 수 없는 거였다. 어디서나 나는 나서기를 좋아하고 주인공이 되기를 원했다.

유난히 리더십이 강한 성격이었던지라, 초등학생 때부터 고등학생 때까지 자잘한 리더를 맡는 것은 기본이고 학생회장부터 총연대장, 자치회장 등을 도맡아서 했다.

초등학생 때는 선생님이 "나의 희망을 얘기해 볼 사람"이라고 하시면 나는 가장 먼저 손들고 일어나서 그냥 머릿속에 떠오르는 대로 마구 이야기했다. 학생들 대부분이 수줍어 하다보니 앞에 나서서 자기 의사를 내비치는 것에 소극적이었다. 이와 반대로 나는 적극적으로 나서서 유독 군계일학처럼 돋보이는 일이 일상이었다.

"나는 큰 사업을 하고 돈을 많이 벌어서 여행을 많이 다니며 번 돈을 유용하게 쓸 거다!"

그렇게 포부를 얘기하니 선생님이나 주변 친구들은 그럴 것 같다고 고개를 끄덕이면서 응원해 줬다. 나를 보고 직원을 많이 거느리고 잘살 거라고 덕담을 아끼지 않았다.

내가 이렇게 자신 있게 남들 앞에서 장래 나의 포부와 꿈을 밝힐 수 있었던 건 [김찬삼의 세계여행] 책자 덕분이었다. 당시에는 획기적인 고급 아트지를 사용한 국배판(A4 사이즈) 판형 올컬러 책자인 데다가 전 10권 세트여서 고가(20만 원으로, 당시 대기업 대졸 신입 초봉은 30만 원)였는데 그 당시 무려 100만 세트가 불티나게 판매될 정도로 공전의 히트를 친

책자다. 나는 무슨 수를 쓰더라도 이 책을 사야겠다고 작정하고 아버지께 참고서를 사야한다며 거짓말을 해 나한테 스스로 선물했다.

이 책은 처음에는 신문에 김찬삼의 '세계의 나그네'라는 코너를 통해 연재된 내용을 토대로 단행본 책자로도 발간되었다. 이 책을 통해 풍성한 사진과 함께 실리는 세계 각국의 이색적 문화와 풍속 등에 관한 흥미진진한 내용을 접한 내 심장도 쿵쾅거렸다. 이 책에 나오는 이색사진을 보고 또 보면서 책자가 너덜너덜해질 정도가 되니까 그 책에서 본 사진 속 주인공이 내 꿈에 자주 현몽하곤 했다.

내가 다닌 고등학교는 여상, 오산여자상업고등학교였다. 나는 당시 외부의 상황에 의해 상업고등학교를 진학하게 되었다. 당시 내가 살던 지역의 여자 고등학교는 오산여상밖에 없었는데, 나는 별 고민 없이 당연히 그 학교에 진학하기로 했다. 지금은 오산정보산업고등학교로 바뀌었지만 당시에는 대학 진학에 중점을 두고 수업하는 그런 학교가 아닌 상고였다. 그런데도, 당시 학교 교장 선생님은 성적이 우수한 학생들에게 대학에 진학하도록 권장해 상업학교 교과과정 외에 대학입시를 위한 공부를 따로 하도록 배려하였다. 나는 성적이 꽤 우수한 편이었으므로 자연스레 대학입시 공부를 하게 되었고, 공부를 하다보니 대학에 가고 싶은 마음도 생겼다.

열심히 공부하던 어느 날, 교장 선생님이 전격적으로 바뀌었다. 새로

오신 교장 선생님은 예전 교장과는 달라 대학입시 전문반 제도를 폐지했고, 그 바람에 여태까지의 내 노력이 모두 허사가 되었다. 대학입시 준비 공부라고 해도 겨우 기본적인 것만 익혔던 상황에서, 나는 독학으로라도 공부하여 대입시험을 보기로 결심했다. 열심히 공부한 끝에 결국 예비고사는 합격할 수 있었다. 하지만 합격통지서를 받아 보며 이상하게도 마음속에 한 질문이 고개를 쳐들었다.

'과연, 대학에 꼭 가야 하는가?'

장사꾼으로서 부모님은 우리 6남매를 양육하는 데 교육과 관련해 확고부동한 하나의 방침(원칙)이 있었다.

"고등학교까지는 가르친다. 그리고 대학은 각자 벌어서 가든지 말든지 우리는 더는 지원하지 않는다."

이 원칙대로 부모님은 우리 6남매가 고등학교까지는 반드시 나올 수 있도록 도와주셨으나 그 이후로의 인생은 자녀들 각자의 책임과 역량에 맡겼다. 당시 1970년대에 고등학교라도 나온다는 건 어지간한 집안에서는 매우 힘든 일이었다. 고졸 학력만으로도 웬만한 학력은 된다고 여기셨기에 자식들이 공부를 더 하고 싶으면 나머지는 각자 알아서 벌어서 가든지 말든지 각자의 선택과 도전에 맡기셨다. 부모님에게는 자녀들의 독립심을 워낙 강조하셨다.

"더 공부하고 싶으면 자기가 벌어서, 학비를 스스로 해결해야 한다."

말하자면 약간의 서양식 사고방식이었는데 대학을 가려면 오늘날처럼 학자금 대출을 받든지 해서 자기가 알아서 해야 한다는 신념이었다. 우리 부모님은 시골 분이셨는데도 그런 확고부동한 사상과 신념을 갖고 있었다. 이와 동시에 부모님은 자녀들이 스무 살 이후로는 마음대로 하라면서도, 막내인 나는 여자이니까 고등학교까지만 나오면 충분하다고 늘상 말씀하셨다. 남자 잘 골라서 시집만 잘 가면 된다면서 말이다. 그러한 보수적인 집안 분위기가 팽배하다 보니 나에게 대학은 진학하지 말고, 바로 취직하라는 말씀을 하시곤 했다.

하지만 부모님의 말씀이 아니라도, 나 스스로 대학 교육에 대해서는 의심을 품고 있었다.

'과연 대학을 가서 내가 얻을 수 있는 것은 무엇인가?'

대학 생활 4년이라는 시간이 내게는 무척 비생산적인 기간으로 다가왔다. 기회가 돼서 시험에 도전해 합격하면 당연히 대학은 가는 것이라는 일반적인 사람들의 생각과는 달리, 당시 나는 그 4년 동안 내가 하게 될 여러 사회생활의 효용에 대해, 그리고 4년 후의 일들에 대해, 결국 대학공부라는 것이 실질적으로 내게 줄 수 있는 투자 대비 효용성에 대해 숙고하게 되었다. 나는 대학 교육을 받는 시간과 기회를 선용해 그만큼의 책을 읽으며 다방면의 학습을 하며 더 많은 돈을 벌고 싶었다. 여러 모로 대학은 내게 그다지 큰 매력이 없었다.

하지만 훗날 나는 여행·관광 비즈니스우먼으로 더 큰 안목을 지니는 것은 물론 학력 중시 풍조가 강한 우리 사회의 여론 흐름에 편승하기 위해 서라벌대에 진학해 항공관광학을 전공하고 이어서 경주대 관광경영학과에 다시 입학해 두 대학을 연거푸 졸업했다.

어쨌든 나는 여행 그 자체와 이를 알선하는 여행 비즈니스를 무척 좋아했다. 고등학교 졸업 후에는 꼭 경제적으로 자립해서 여행을 즐기고 싶다고 생각해왔었기에 더욱 그러했다. 나는 부모님의 의견에 오롯이 동감하여 부모님께는 의지하고 싶지 않았지만 또 하고 싶은 일은 많았으므로 의당 돈을 많이 모아야 했다. 그러다 보니 대학을 졸업한 후 사회생활을 하는 것보다는 고교를 졸업하자마자 사회생활을 해서 돈을 버는 것이 더 좋으리라고 생각했다. 무엇보다도 나에게는 돈을 잘 벌 수 있으리라는 확신과 자신감이 있었다. 그렇게 해서 공부를 하느냐, 생활 전선에 뛰어드느냐 하는 두 가지 갈림길에서 후자를 선택하기로 했다. 그러한 결심을 내리고 상경 길에 오른 후 나는 책을 많이 읽고 또 취업에 도움 되는 학원을 찾아다니며 일자리를 알아보기 시작했다.

내가 이런 현실적인 결정을 내리게 된 데에는 역시 가정환경의 영향이 컸다. 대를 이어 장사해온 집안의 내력 탓에 내 위의 오빠들과 언니들도 너 나 할 것 없이 장사에 뛰어들어서 나도 일찌감치 돈의 중요성을 깨달았다. 또 나는 어릴 때부터 경제적으로 독립해서 부모님께 호강을 시켜

드려야겠다고 생각해 왔었는데, 대학을 다니면 부모님께 의지하게 될 것을 우려했다. 이런 나의 행보에 마지막으로 중요하게 영향을 끼친 것은 학창 시절 존경했던 국어 선생님의 말씀이셨다.

"돈이 있어야 좋은 일도 한다. 돈을 목적이 아닌 수단으로 삼아라."

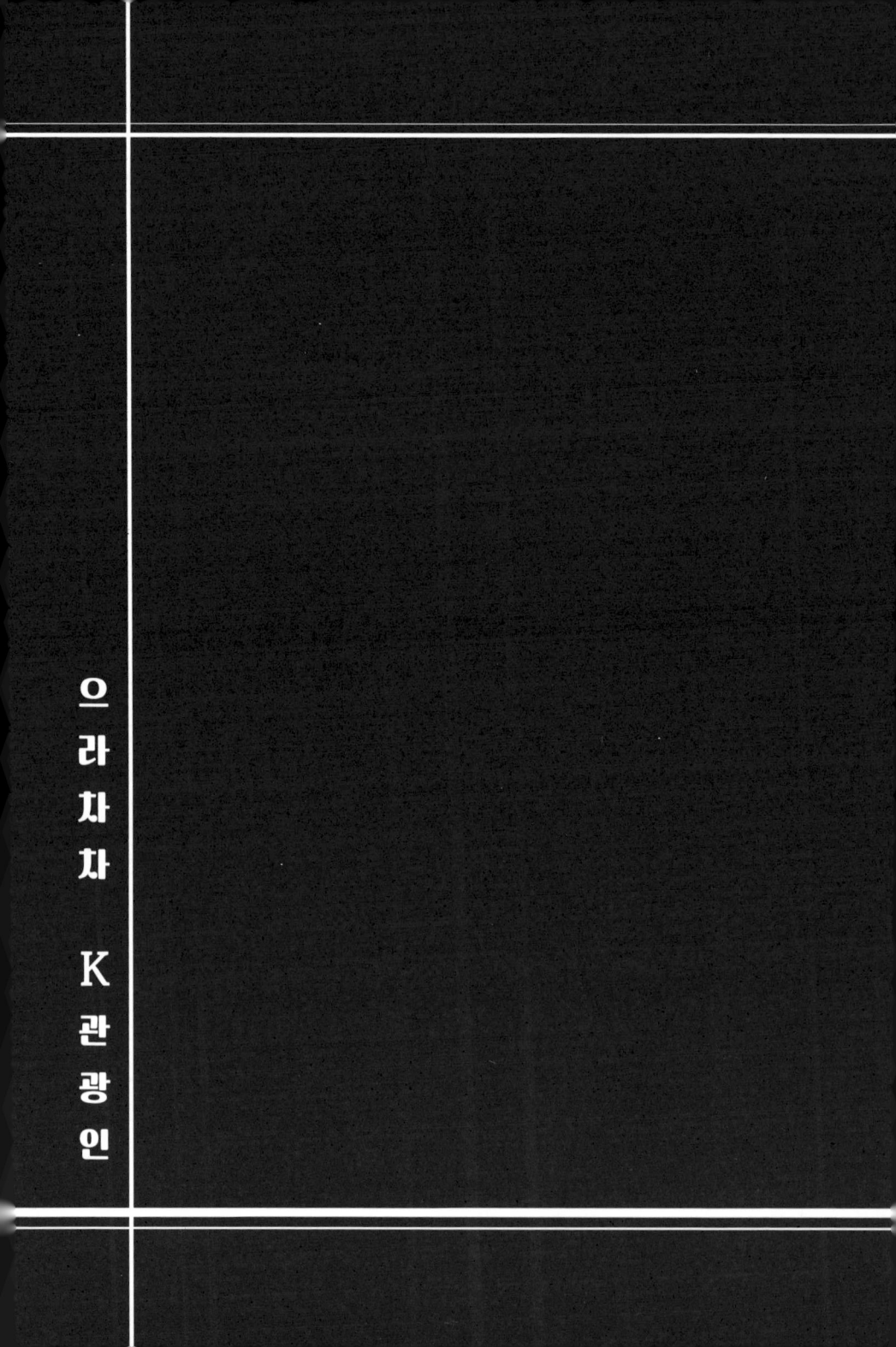

제 4장

은사님 덕분에 책을 평생 벗으로 삼다

책은 가장 조용하고 변함없는 벗이다. 책은 가장 쉽게 다가갈 수 있고 가장 현명한 상담가이자, 가장 인내심 있는 교사이다.
- 찰스 W. 엘리엇

어린 시절, 여행을 통해 지구촌 곳곳을 누비고자 하는 비전을 그릴 때 항상 그 기저에는 독서가 있었다. 초등학교 때부터, 중학교, 고등학교 때도 독서에 관해서는 관심이 남달랐다. 부모님께서 경제적으로 여유가 있다 보니 당시 도시가 아닌 소읍의 여느 어린이들과 달리 원하는 책을 다 사주시도록 내가 여러 잔꾀를 부렸다. 그 은혜에 보답하듯 그냥 스스로, 책을 마냥 마구잡이로 닥치는 대로 읽었다. 책 보는 걸 좋아하다 보니까 책에서 많은 영감을 얻었고, 김찬삼 여행기와 같은 책을 읽곤 감명받아 세계 일주 여행에 대한 환상을 가졌다.

내가 중학생이 되면서 읽게 된 펄 벅의 [대지]는 어린 나이의 내 마음 깊이 큰 충격으로 다가왔다. 그 당시 읽은 [대지]의 전반적인 스토리는 물론 많은 문장은 내 뇌리 깊숙이 박혀 내 마음을 사정없이 후려쳤다. 그 가운데 아직도 기억이 새록새록 떠오르는 문장이 있다.

"이보다 더 심한 시절도 있었지. 더 어려운 시절도 있었다고. 언젠가 나는 아이들을 잡아먹는 사람들도 보았어."

"우리 집에서는 절대로 그런 일이 없을 거예요."

기겁해서 왕룽이 말했다.

그들은 옥수수의 속대를 말려 먹었고, 나무껍질도 벗겨 먹었고, 시골 어디를 가나 사람들이 겨울 산에서 찾아낼 수 있는 풀을 뜯어 먹었다.

"전 당신을 위해, 당신을 땅으로 돌아가게 해주기 위해서라면 이 땅을 팔겠어요."

"난 절대로 그렇게 하지 않아."

왕룽이 단호하게 말했다.

"이 삭막한 곳에서 평생을 보내는 한이 있어도 말이야."

- [대지(문예출판사 간행, 펄 벅 지음, 안정효 옮김)] 일부 내용 인용 [편집자 주]

나는 이 [대지]를 탐독하면서 팍팍한 현실 여건을 거부하지 못해 볼품없는 남자 왕룽(남자 주인공)에게 팔려온 황씨 댁 종 오란(여자 주인공)의 운명적 삶에 빨려들었다. 거대한 파도처럼 밀려오는 운명에 때로 맞서기도 하고 때로 묵묵히 순응하면서 광활한 대지의 개척자이자 지주로 우뚝 서는 가난한 농부 왕룽과 오란에 마음을 빼앗기고 말았다. 극심한 가뭄과 걷잡을 수 없는 홍수 등 자연재해의 엄습에도 의연하고도 굳건하게 버텨내며 가부장적 인습마저 오롯이 감내해내는 오란이 너무 안쓰러워 눈물짓곤 했다.

당시 내가 청소년기를 보내던 1960년대에는 지역적 편차가 있다 해도 우리나라 역시 춘궁기(보릿고개)란 말이 유행어가 될 정도로 서민의 살림살이는 팍팍하고 고달팠다. [대지]의 시대적 배경인 중국의 상황보다는 훨씬 나았으나 도긴개긴이었다. 우리 집안 여건은 부모님이 어물상으로 큰 사업수완을 발휘해 여유 있었으나 주변 이웃들의 삶은 빈궁했다.

하지만 나는 앞으로 숱한 난관이 엄습해 와도 이에 굴하지 않고 긍정적 마음가짐으로 무장하리라 다짐하는 계기가 되었고 대지의 밭고랑을 즐겁게 거닐던 오란은 내 무의식 깊이 작은 거인으로 각인돼 오랫동안 함께해 왔다.

나는 이 책을 통해 "살아 있는 한 실패는 없으며 시련은 있을지라도 가능성 있는 목표를 향해 도전을 계속해 나간다면 반드시 만족할만한 성과를 거둘 수 있다"라는 삶의 모토를 마음 깊이 되새길 수 있었다.

책 읽기가 마냥 관심사였던 수준에서, 이를 평생의 습관으로 뿌리박게 된 계기는 중학교 때 한 선생님을 만나면서부터였다. 문학소녀의 분위기가 낭랑한 그 국어 선생님의 성함은 김정선, 이화여대 출신이셨다.

돌이켜 보아도 단순한 국어 교사 이상으로 문학 쪽 계통에 재능이 있으신 분이셨다. 라이너 마리아 릴케의 시를 즐겨 들려주시는 분이었는데 나는 소녀 시절에 그 선생님을 만남으로써 감성도 더욱 예민해지고, 책을 또 많이 읽게 되는 원동력으로 작용했다. 그 선생님을 존경한 게 훗날 돌이켜보면 감정적으로나 감성적으로나 살아가는 데 큰 영향을 끼쳤고 큰 도움이 되었다.

한번은 국어 선생님이 수업 중에 이런 얘기를 해주셨다.

"얘들아! 신문, 예컨대 조선·동아일보와 같은 일간지를 보면 2면 즈음에 사설이라는 난이 있다. 시간이 나면 그 사설란에 실린 글을 공책에 한 번 쓰고, 모르는 한문이 있으면 찾아서 알아보면 살아가는 데 피가 되고 살이 된단다."

그때는 신문 기사의 상당 부분에 한문이 나오던 시절인데도 한문 과목을 교과 과정에서 뺀 첫 번째 세대가 우리 세대였다. 한문 교육이 폐지되었는데도 그 선생님은 한문의 필요성을 강조하시면서 신문의 사설란을 고스란히 공책에 베끼라고 하셨다. 강요하신 것이 아니라 자발적으로 하도록 타이르셨다. 그렇다고 한문 독해와 사설 쓰기를 숙제로 내주신 것은 아니고, 학생들에게 시간이 나면 자율적으로 해보기를 권장한다는 취지의 말씀이었다. 그런 필사를 꾸준히 하면 어떤 연쇄적인 효과를 얻을 수 있다고 했다.

예나 지금이나 신문의 사설·칼럼란은 한 분야의 전문가가 그 시대의 여러 문제점, 이슈 등에 대해 일목요연하게 알 수 있도록 도와주고 여론을 선도해 나가는 그런 코너이다. 그러니 꾸준히 관련 칼럼(논설)을 읽으면 먼저 글쓰기 공부가 되고, 읽기 공부가 되고, 그다음에 한문을 숙지하게 된다고 했다. 한문에는 굉장히 넓고 깊은 뜻이 있기에 이를 이해하면 세상 흐름을 분석하고 정치·경제·문화·사회를 바라보는 시각에 대한 지식과 견문을 두루 넓힐 수 있다고 하셨다.

그런데 열 몇 살 된 중학생들한테 국어 선생님이 그런 얘기를 하면 한 귀로 듣고 한 귀로 흘리는, 대부분 그러한 충고를 실천하지 않는 게 당연했다. 그랬는데도 나는 유독 그러한 학문적 권유에 순종적으로 실천한 학생이었다. 순진하게 선생님이 일러주신 대로 행한 사람은 나뿐이었는데, 그날부터 신문을 하나 구독해서 매일 그 사설란의 글을 통째로 공책에 썼다. 선생님이 시키는 대로, 숙제가 아닌데도 나 스스로, 사설란의 90%에 달하는 한문 단어들을 하나하나 찾아보면서 식견을 넓힐 수 있는 자발적인 학습을 주도해 나갔다.

지금 생각해 보면, 그 필사(筆寫_베끼어 씀)의 과정이 정규과목 한 과목을 이수한 거나 마찬가지였다고 본다. 독학으로 현세학을 터득한 셈이다 보니 깊이 있게 생각하고, 당시 사회에서 이슈화되는 문제들에 대해서도 직시하게 되었다. 누가 뭐래도 신문 읽기를 통해서 많은 배움을 얻었다. 신문을 진짜 정독하는 사람은 다른 것보다도 각 신문의 사설을 빠뜨리지 않는다는 사실도 깨달았다. 나는 시골의 중학생이었지만 그렇게 정치·경제·사회·문화에 대해 나름 폭넓은 소양을 쌓았다. 사설란의 필진은 모두 당대 각 분야의 전문가로 설득력 있는 문장을 펴냈으니까. 이것은 인생 공부에, 독서 습관 형성에도 큰 도움이 됐다. 사물의 사리를 분별하고 판단하는 데도 도움이 됐고, 살아가는 데 큰 힘이 됐다. 그래서 그 선생님을 여러모로 잊지 못한다.

지금도 일간지 사설은 빠짐없이 보는데 다른 사람이 그 내용을 소화하는 데 30분 정도 걸린다면 나는 약 10분 정도면 충분할 만큼 아주 일상적인 일이 되었다. 신문 읽기의 꾸준함은 독서 전반의 능력에도 그대로 적용되어, 중학교 때 [문학사상]이라는 수준 높은 잡지를 정기구독해서 보기도 했다.

지구촌 곳곳을 두 발로 거니는 여행이 실제 여행이라면, 앉아서 하는 독서는 또 다른 형태의 간접 체험적 여행이라고 본다. 다른 사람의 체험을 간접 체험하는 거니 누구나 여러 현실적 한계를 넘어서 갈 수 있는 여행길이 독서다. 살아가는데 책 읽는 것만큼 나한테 많은 도움을 준 건 없다.

"사람들이 나를 효녀라고 하는데, 책의 유익함을 경험하지 않았으면 이 일(낭독)을 하진 않았을 것 같다. 사람이 힘들면 '내 안의 고난'에만 갇혀 있기 마련인데 책을 읽으면 생각의 시야가 넓어지고, 인생을 줌아웃해서 볼 수 있는 시각이 생긴다. 나는 '비블리오테라피'(독서치료)의 효능을 경험했다."

전신마비 아버지 옆에서 무려 3년간이나 책 낭독하기를 몸소 실천한 김소영([요즘 저는 아버지께 책을 읽어드립니다] 저자)씨가 한 언론과의 인터뷰에서 한 고백이다.

'독서치료'라는 말이 있을 정도로 독서는 우리가 살아가는 동안 꾸준히 실천하는 일상사가 되어야 한다고 생각해 본다.

나는 최근에 한국콜마 윤동한 회장이 한 일간지와의 인터뷰에서 밝힌 그만의 독특한 독서 철학을 접하고 깊은 감명을 받았다. 윤 회장은 자신의 독서 철학에 대해 다음과 같이 말했다.

"독서란 문제를 찾고 해결하려는 과정이다. 책을 읽는 과정에서 절실함이 생기고 아이디어가 구체화한다. 나는 물려받은 재산이 거의 없다. 선친이 나에게 물리적 재산을 남기시진 않았지만, 독서 습관이라는 큰 자산을 남겨주셨다. 선친이 6·25전쟁 직후 초등학교 시절 선물한 '15소년 표류기'라는 책은 하도 많이 읽어서 외울 정도였다. 지금도 독서는 큰 행복이다."

윤 회장은 책을 늘 곁에 두고 있는데 지금까지 그가 읽은 책은 소설을 제외하고 3000여 권에 달한다고 한다.

나는 이 인터뷰에서 윤 회장의 독서와 관련한 두 가지 원칙, 즉 새벽 독서를 즐기며 123원칙을 꼭 지키려고 한다는 말에 크게 공감했다. 그의 독서 '123원칙'은 하루에 한 번 책을 읽고, 일주일에 두 권 이상 읽으며, 한 번에 세 종류의 분야와 성격이 다른 책을 교차해 읽어 독서 효율을 높이는 방법이라고 한다. 그의 철학에 따라 한국콜마 직원들은 매년 6권의 책을 읽고 독후감을 제출한다는 말에 같은 CEO로서 무척 부럽다는 생각이 들었다. 이처럼 독서는 위기의 우리나라를 구할 수 있는 해법이자 묘책이라고 나는 믿는다.

으라차차 K관광인

제 5장

강원도 정선, 오지로 김정선 선생님을 찾아가다

방법을 가르치지 말고 방향을 가리켜라.
가르치면 모범생을 길러낼 수 있지만, 가리키면
모험생을 길러낼 수 있다.
- 데이브 버제스

중학교 시절 은사였던 김정선 선생님은 '인간은 다 평등하다'는 사상을 가슴 깊이 품고 계셨다. 그런 지론을 갖고 계시다 보니 유신정권 독재에 대해서도 큰 반발 의식을 지니고 있으셨다. 자유를 탄압하는 독재에 항거하는 자세를 견지하는 게 문화인, 민주 시민으로서 얼마나 중요한지와 늘 그러한 정신을 마음에 간직하는 게 얼마나 가치 있는지를 수업 중에 자주 이야기하셔서 나 역시 그런 생각을 가지기 시작했다.

2002년 문학계 노벨상으로 일컬어지는 부커상 수상작 [파이 이야기]를 쓴 얀 마텔 작가는 "마음이 열려 있을 때는 모든 것이 들어온다. 그리고 이를 받아들이게 된다"라고 말했다. 마텔이 지적한 것처럼 나는 당시 꿈꾸는 소녀로서 감수성이 예민하던 시절이라 선의를 지니고 들려주는 누군가의 말에 마음이 활짝 열려 있었다. 그 누구보다도 수용태세가 남달랐다.

하지만 당시 정권에 대해 비판적인 사상을 갖고 있던 선생님은 1년쯤 있다가 강원도로 전근을 가셨다. 선생님의 이름 그대로 강원도 정선으로 전근을 가셨으니 '이름대로 된다'는 운명에 순응하셔야 하지 않았을까 싶다. 교육계 반체제 인사들은 그렇게 오지로 전근을 시키던 시기였다. 사회주의적인 의식구조 색채가 강한지 그 여부를 떠나서 당시 정권에 찬동하지 않는 교사들은 적지 않게 오지로 전근 보내던 시절이었다. 아마 호봉 강등도 당하는 등 그때는 요즘과는 확연히 다른 세상이었다. 그때는 일반인도 택시에서 말 한번 잘못했다가 잡혀가고 그랬던 시대였으니까.

그래서 혼자서 선생님을 뵈러 강원도 정선을 찾아가기로 했다. 부모님들은 내가 어디를 가는지도 모르셨을 거다. 언니가 서울로 시집가 살고 있었으니 언니 핑계를 댈 수 있던 게 나로서는 행운이었다. 나중에 부모님이 언니한테 확인할 수도 없었던 게 그 당시는 전화도 잘 안 되고 전화비도 무척 비쌀 때였다. 더욱이 막내딸이 그런 거짓말을 하고 다닌다고 상상을 못 하셨을 거라고 본다.

오지 중 오지인 데다가 오늘날처럼 인터넷으로 정보를 쉽게 얻기란 기대난망이었다. 하지만 선생님은 교육 분야 공무원이었으므로 세상 물정이 어느 정도 밝으면 찾을 수 있었다. 그렇게 선생님의 근무지, 정선군에 있는 중학교 이름을 확인해 수첩에 메모해 산 넘고 물 건너 혼자 기차를 타고 강원도로 향했다. 그때부터 나는 자유 여행자의 기질을 터득했는지도 모른다. 목적지를 정하면 이유 불문하고 어떤 도전이, 또 어떤 난관이 있더라도 그걸 헤치고 나갈 수 있음을 몸소 행동하며 체득했다. 갈 수 있게 돼 있으니까, 사람 사는 곳에는 반드시 길이 나 있고 목적지를 정하면 그곳에 도달할 방법이 생긴다는 철학을 그때 깨달았다. 목적의식만 뚜렷하면 수단과 방법은 충분히 모색해 그걸 실현할 수 있다.

먼동이 트기 전 오산 집을 나서 기차와 버스를 여러 번 갈아타고 초행

길이다 보니 수많은 이에게 묻고 또 물어 정선 그 오지로 가다 보니 오후 느지막하게 해가 막 서산으로 숨고 땅거미가 질 즈음에야 선생님 댁을 찾을 수 있었다.

근무하는 학교 가까이서 자취하고 있는 허름한 집에 들어서는 순간 저녁밥을 짓던 김정선 선생님과 눈이 마주쳤다. 순간 선생님의 두 눈의 동공은 최대한 확대되고 크게 당황스러운 나머지 들고 있던 물바가지를 그만 놓치시고 말았다. 나 역시 나의 로망 선생님을 보는 순간 가슴이 뭉클해지고 눈물이 콸콸 쏟아졌다.

이어서 선생님과 나는 가까이 있는 두 자석이 철석 붙듯 격하게 껴안았다. 한동안 둥지를 떠난 새끼 새를 따스한 날갯죽지에 품듯 나를 꼭 안아주시던 선생님은 내 등을 다독이며 말했다.

"장차 훌륭한 사람이 되도록 열심히 공부해야지, 여기가 어디라고 찾아오니? 선생님은 너무 놀라서 기절초풍하는 줄 알았어…"

잠시 후 마음을 추스른 선생님은 아직도 내 뇌리에 생생한 강원도 토종 된장찌개 저녁상을 차려주셨다. 저녁 밥상머리에서 선생님은 이런 저런 이야기를 쉼 없이 해주셨다.

"살아가는데 사람 관계가 중요하다. 모든 게 사람에서 시작해서 사람으로 끝나니 사람에게 절망하나 또 사람을 통해서 희망을 지니기 마련이란다."

"즐거운 일을 찾아서, 특히 잘할 수 있는 일을 찾아서 열심히 해라."

굉장히 정신적인 감수성이 예민한 중학생 시기, 그날 밤 정선 산골의 허름한 선생님 자췻집에서 선생님으로부터 평생 마음에 묻을 말씀을 가슴 깊이 새겨들었다. 그날 선생님은 나를 보고 동아일보 기자를 하면 잘할 거라는 제안도 해주셨던 기억이 새롭다.

"하여튼 유신독재 시대에서 세상이 지금 많이 잘못돼 가고 있단다. 너는 중학생이니까 당장 데모를 할 수도 없겠지만, 가슴 깊이 민주 시민으로서 투철한 정의감을 되새기며 이를 추구하면서 살아야 한다."

그러면서 김정선 선생님은 당시 올바른 지성의 목소리로 독재에 의연하게 맞서서 항거하는 분들을 일일이 알려 주셨다. 그날 전해들은 인사들 가운데는 평소 사설란을 통해 자주 보았던 김동길 교수와 지학순 주교의 이름도 있었다.

강원도 정선에서의 그날 밤 나는 내 머리 위 하늘에서 펼쳐지는 찬란한 별들의 향연에 넋을 잃고 쳐다보다 보니 나중에는 목에 경련이 일어날 정도였다. 어느 순간에는 프랑스 작가 알퐁스 도데의 단편소설 [별]의 한 구절이 가슴 깊이 와 박혔다.

"그리고 얼마쯤씩 있다가 가끔 나는 그 별들 가운데 가장 섬세하고 가장 찬란한 별이 제 길을 잃고 내려와 내 어깨에 기대어 잠자고 있다고 상상했다."

이 소설 속 구절은 정선의 산골짜기에 홀연히 나타나 서 있던 당시 나의 처지와 심경을 고스란히 대변해 주고 있었다.

경기도 오산과 강원도 정선은 당일치기로 갔다 올 수 있는 거리가 아니어서 하룻밤을 선생님 자취방에서 묵었다. 그렇게 하룻밤 지내면서 선생님의 가슴 속 속내를 진솔하게 나타내는 호소력 있는 주장에는 달콤한 곶감과도 같은 매혹적 맛이 깃들어 있었다.

다음날 나는 정선 오지에 선생님을 남겨두고 떠나오면서 '깊은 산속 마을에서 선생님은 참으로 절대고독에 이를 정도로 외롭겠구나'라는 생각이 떠나지 않았다.

그런데 오랜 세월이 지난 어느날 '고독이란 무엇인가'와 관련해 독일의 저명 미술비평가인 다니엘 슈라이버의 다음과 같은 말을 곱씹으며 김정선 선생님의 그 오지에서의 삶의 의미를 어느 정도 이해하게 되었다.

"외로움은 질병이 아니라 감정이다. 그리움과 반가움을 숨기려고 할 필요 없듯, 외로움 역시 숨겨야 할 감정이 아니다. 고독의 순간 찾아오는 외로움은 오히려 자기 치유의 계기가 된다."

그 후에도 가끔 선생님 말씀이 그리우면 성인이 돼서도 찾아뵙고 그랬다. 만나지 못할 때는 편지도 주고받고, 사제의 인연을 계속 이어나갔다. 선생님은 이후로도 여기저기 전근을 다니시면서 선생님으로 계셨다.

　어쨌든 선생님은 내 소녀 시절, 학창 시절 그리고 또 사회생활 시절 즉 평생에 걸쳐 내가 글로벌 여행·관광인으로 활동하는 데 정신적 지주로서 남아 계신다.

　나는 선생님 말씀대로 노력하며 살고 있고, 과연 선생님 말씀이 옳았다는 걸 세월이 지날수록 체감하고 있다. 선생님 같은 분은 이 사회에 꼭 필요하다는 생각에는 변함이 없다. 내가 학창시절에 그런 좋은 선생님을 만나 책이라는 평생의 친구를 얻고 사회 전반에 대한 안목을 가진 것은 굉장한 행운이기에 여러모로 감사드려야 할 일이라고 굳게 믿는다.

　"스승의 은혜는 하늘 같아서 우러러 볼수록 높아만 지네!"라는 나의 애창곡을 다시 목놓아 불러본다.

　김정선 선생님 감사합니다.

제 6장

불원천리(不遠千里)
김동길 교수 댁을 찾아가다

강력한 이유는 강력한 행동을 낳는다.
- 윌리엄 셰익스피어

사설을 필사하는 일은 나를 신문 밖 세상으로 직접 이끌었다. 신문을 보면서 자연스럽게 세상 돌아가는 여러 일에 대한 호기심과 관심이 하나둘 늘어나 나도 중학생 신분인데도 직접 사회적인 행동을 하고 싶다는 마음이 들끓었다. 당시에는 유신독재에 항거해 민주화 운동이 활발할 시기라 신문 사설과 외부 저명인사 칼럼난에는 그와 관련된 이야기가 적지 않게 실렸다. 나도 칼럼과 논설 논조를 따라서 그런 쪽으로 관심이 많아져 생각 같아서는 서울로 뛰어 올라가서 직접 데모 대열에도 합류하고 싶었다.

한번은 사설란에 글을 기고하던 한 저명인사를 직접 찾아가야겠다는 결심이 섰다. 중학교 3학년 때인가, 신문을 보다 보니 김동길 교수나 안병욱 교수, 김형석 교수 등 소위 유명한 지식인들이 신문에 기고를 많이 했다. 그 당시에는 대학생들이 앞다퉈 데모하고 난리 치고, 대학 교수들은 감옥에 들어가고 그럴 때였다. 그때가 70년대니까 이른바 '유신헌법' 제정·공포 후 이에 대한 지식인들과 대학생들의 강력한 저항이 극에 달하던 시기였다. 그러다 보니 신문을 열독하던 나 역시 중학생인데도 그 이슈에 진지한 관심을 지녔다.

하지만 경기도 시골의 평범한 중학교를 다니는 여학생으로서 데모에 참여하기란 현실적으로 불가능한 일이었다. 그 대신 신문에 시대 상황을 매의 눈으로 지켜보며 비판의 필봉을 휘두르던 내로라하는 학자들을 찾아가고자 하는 열망이 소녀의 내면 깊이 불타올랐다. 그러한 결단의 첫 번째 실행 목표로 김동길 교수를 찾아 나서기로 했다. 무턱대고 서울로 올라가 김옥길 총장을 김동길 교수 대신 만났던 그 날은 아직도 기억에 선명하다.

지금 생각하면 어떻게 집 주소를 알고 찾아갔나 싶지만, 당시 내 딴에는 온갖 수단을 동원했다. 당시에는 전화 가지고 있는 사람들이 많지도 않던 시절이라 114라는 전화번호부가 있었다. 전화번호부를 뒤지고 뒤져서 서울로 무작정 찾아간 거였다. 아무래도 내 창의적 네트워크 구축 관련한 특유의 도전 정신과 끼가 충만해 있던 시기여서 그런 무모해 뵈는 모험이 가능했는지도 모른다.

별안간 서울로 가서 김동길 교수를 만나야겠다는 생각을 하고, 중학교 교복 위에 오버코트를 입고 혼자서 길을 나섰다. 신문을 읽으면서 당시 김동길 교수는 감옥에 들어가 있었다는 사실을 알았다. 그 소식을 듣고 분개한 나는 김동길 교수의 감옥 면회를 가려고 했다. 그렇게 김동길 교수와 함께 사는 누이인 김옥길 총장을 찾아가게 됐다. 김동길 교수와 김옥길 총장이 남매지간이라는 것 또한 신문 기사 정보를 통해서 미리 알고 있었다. 신문을 안 봤으면 당최 몰랐을 거다. 지하철이 없었을 때니 혼자 기차를 타고, 전차와 시내버스를 번갈아 타고 내려서 걷고 거의 하루 꼬박 걸려 결국 김옥길 총장 집을 찾았다.

한창 내 무의식 구조 깊이 독재 타도에 대한 열망이 나름 강렬했고 학생회장, 연대장 이런 직책을 매번 맡고, 평등과 자유를 강조한 국어 선생님에게 직·간접적으로 사고방식에 큰 영향을 받아 나름 반골 기질이 표출되곤 하던 시절이었다.

당시에 나는 "내가 직접 서울에 가서 김동길 교수에게 가르침을 받고, 나도 민주항쟁에 일조해야겠다!"라는 일념으로 그 불원천리 장도에 기꺼이 오를 수 있었다.

힘들게 김옥길 총장의 집을 찾아 대문 앞에 다다랐을 때의 장면은 아직도 선명한 이미지로 남아 있다. 양식 가옥이 하나 서 있는데, 대문 각각의 하얀 문패로 '김옥길·김동길'이라고 적혀 있었던 게 퍽 인상적이었다. 한자가 아닌 한글 이름으로, 요새 부부들 하듯이 하얀 문패를 나란히 달아둔 게 이채로웠다. 그러한 방식의 문패는 그 당시에 아주 생경했다.

'역시 앞서가는 분들은 이렇구나.'

그런 생각을 하며 문을 두드리며 당차게 외쳤다.

"계십니까?"

곧바로 들려올 법한 응답은 들려오지 않았고, 조금 뒤에 안에서 한 아저씨가 나왔다. 아무래도 집사인 듯 보였다.

"어떤 일로...?"

관리인 아저씨는 왠지 집주인과의 연관성이 전혀 없어 보이는 한 시골 소녀의 우렁차고도 당돌한 외침에 무척 당황해 나를 보고 놀라는 표정이 역력했다. 그렇다고 나는 무엇을 믿었던지 더 당당한 목소리로 입을 열었다.

"안녕하세요, 막 오산에서 올라온 조태숙이라는 학생입니다. 김동길 교수님 면회를 가고 싶은데, 그 전에 김동길 교수님의 누이분을 찾아 이야기를 나누고 싶어 찾아왔습니다. 안에 계실까요?"

원래 내 계획은 김동길 교수가 있는 곳으로 바로 찾아가 면회를 요청하고자 했다. 하지만 사전에 경찰서에 물어봤을 때 면회는 가족만 가능하고, 다른 라인으로는 어떻게 해도 면회가 불가하다고 했다. 그래서 김동길 교수의 누님인 김옥길 총장님을 찾아 나서게 됐다.

당돌한 시골 소녀의 기습 방문 요청에 관리인 아저씨는 목 뒷덜미를 긁적이며 난감해하고 어이없어 했다. 나는 더욱 강한 어조로 말했다.

"사전에 만남 약속을 하지는 못했어요. 하지만 저는 우선 김옥길 총장님을 만나지 않으면 돌아갈 수 없어요."

그러자, 관리인은 난감한 듯 고개를 절레절레 흔들며 말했다.

"학생, 이러면 안 돼. 여기는 학생이 찾아올 곳이 아니야."

나는 관리인 아저씨의 말이 끝나기 무섭게 더 다급한 어조로 받아쳤다.

"제가 산 넘고 물 건너 여기까지 온 이상, 절대로 그분을 만나 뵙지 않고서는 돌아갈 수 없습니다."

그렇게 내 강력한 의지를 피력했는데도, 관리인은 손사래를 치며 대문을 닫고 총총걸음으로 안으로 들어갔다. 그런데 그 관리인은 내 여망과 달리 한동안 다시 나오지 않았다. 나는 대문 앞에 쪼그리고 앉아 문이 다시 열리기만을 애타게 기다렸다.

그렇게 몇 시간이 지났을까. 긴 침묵을 깨고 관리인이 나를 딱하다는 듯 바라보며 대문을 열었다. 나는 이때다 싶어서 덥썩 관리인의 손을 붙잡고 애절한 목소리로 애원했다.

"정말 진지하고, 명확한 목적을 갖고 방문한 것이니 꼭 만나게 해주십시오. 제가 시골에서 새벽부터 버스 타고 와서 밥도 못 먹고 기다리는 겁니다. 그러니 저는 꼭 오늘 만나고 가야겠어요."

그렇게 계속 애걸복걸하며 이야기했더니 끝내 관리인이 들어오라고 손짓했다. 나는 속으로 쾌재를 불렀다. 아무래도 그 관리인이 김옥길 총장에게 직접 보고하고 내락을 받아내지 않았나 싶었다. (당시는 70년대였으니 총장이 아닌 교수 직분이셨으리라.)

그렇게 집 현관문으로 들어가니 현관 신발장 바로 위에 링컨 사진을 담은 액자가 걸려 있었다. '이분들이 존경하는 인물이 링컨이구나'라고 생각하며 사진을 바라보는데 더 안쪽에서 "들어오라"는 목소리가 들렸다. 거실로 들어가니 김옥길 교수가 안방에서 보려(커다란 방석)에 앉아 계셨다. 어떻게 왔냐고 묻길래 그동안의 사정을 쭉 이야기했다.

"지금 우리나라에 민주화가 절실한데, 김동길 교수는 옥에서 고생을 하시고 있어 제가 미력하나마 용기를 북돋아 드려야 될 것 같아요. 그래서 면회를 가고 싶은데 저 같은 사람이 가서 응원해 드리면 교수님이 용기백배하지 않겠어요? 그런 목적으로 제가 왔는데, 그런데 면회는 지금 가족 외에는 안 된다고 하는 데 다른 방도는 없겠는지요?"

그렇게 사전에 내 나름 광범위하게 조사한 바를 사실대로 조리있게 이야기했다. 김옥길 씨가 한참 내 얘기를 듣더니 입을 여셨다.

"학생의 민주화를 향한 열망이라든가, 이 독재 정권에 대한 타도의 마음은 높이 삽니다. 하지만 지금은 가족도 면회가 안 되는 상황이에요. 내가 나중에 김 교수한테 이런 학생이 왔다는 얘기를 전할 방법밖엔 없습니다. 학생의 뜻을 지금 전할 수 있는 방법은 당장 없어요. 지금 학생이 민주화에 바로 보탤 수 있는 건 아무것도 없어요. 하지만 그게 당연한 것이고, 학생은 이럴 때일수록 돌아가서 공부를 열심히 해야 해요. 중학교 3학년인데 가서 자기 할 일, 공부에 전념하세요. 지금 서울에 와서 데모 대열에 낄 시기는 아니에요. 공부를 열심히 해서, 훌륭한 사람이 된 다음에 사회적인 여러 현안에 적극적으로 참여하세요."

김옥길 씨는 한술 더 떠서 "학생이 잘못 행동했다가는 공부도 못 하고 지금 감옥으로 바로 잡혀간다"라고 하시며, "그렇게 되면 앞길이 구만 리 같은 학생의 앞날이 심히 걱정된다. 일단은 공부를 열심히 해서 어느 정도 자격을 갖춘 다음에 민주화 실현 위해 애써달라"라고 사려 깊은 마음 씀씀이로 걱정해주시며 신신당부하셨다.

하긴 내가 김동길 교수가 투옥돼 있는 감옥 앞에 가서 시위를 할 수 있는 처지도 아니었다. 어찌 보면 그게 김옥길 교수님으로서는 나에게 말해 줄 수 있는 차선의 모범 답안이었는지도 모른다. 현실적이면서도 희망적인 격려와 응원의 말씀이었다.

그런데 나는 막무가내로 계속 졸랐다.

"그래도 가겠습니다. 갈 겁니다. 투옥되어 계신 교수님과 같은 생각을 갖고 있으니 용기 내서 끝까지 독재 타도와 민주화의 성취를 위해 일익을 담당하고 싶어요. 나의 작은 성원에 힘입어 김동길 교수께서 감옥에서 고생하시면서도 자극을 받아서 더 힘을 내실 겁니다."

나는 그렇게 1시간 정도 계속해 애원하듯 졸랐다. 결국에 나는 당초의 목표를 완전히 이루지 못하고 돌아와야 했다.

하여튼 나는 오산 고향 집으로 돌아와서는 김옥길 교수의 권면을 하나하나 마음에 되새기며 중학생으로서 학교생활을 영위하는 데 최선을 다했다. 신문을 통해서 알게 된 다른 민주화 투사들도 있었으나, 굳이 다른 사람들을 찾아가려고 시도하지는 않았다. 김동길 교수만큼 행동하는 양심을 지닌 지식인은 없기도 했고, 당시 지식인 중에는 어린 내가 보기에도 어용 지식인들이 수두룩했다. 그들 대부분은 정부에 협조하고 빌붙어 찬양하는 글을 쓰거나 사회적 이슈를 외면하기 일쑤였으니 김동길 교수만큼 확실한 지식인이 거의 없다시피 했다.

이후에 그분이 내딛는 행보에 대해서는 나는 늘 관심 있게 배움의 자세로 지켜보았다. 그랬기에 얼마 전 김동길 교수의 부고를 접했을 땐 슬프면서도 만감이 교차했다.

부모님은 내가 김동길 교수를 만나려고 상경한 것을 평생 모르시는 것 같았다. 아니 아무도 몰랐을 거다. 그리고 만약 내가 지금 웃으면서 그러한 실화를 고백한다 해도, 우리 형제들은 "그랬었니? 너는 뭐 하도 엉뚱한 짓을 가끔 했었으니까 그럴 수도 있었겠구나"라고 반응하지 않을까 싶다. 평소에 하도 돌발 행동을 많이 하며 자랐던 나였기에 그러한 저돌적인 모험은 나에게는 의당 치러야 하는 의식과도 같았다.

신문을 읽는 것은 그때부터 고등학교를 지나 지금까지 여전히 반복되는 일과라, 하루에 신문 서너 개는 반드시 읽는 것이 내 일상사가 되었다. 그러다 보니 신문을 통해 세상에 대해 간접 경험을 많이 하며 살아가고 있다.

어찌 보면 중학교 2학년으로서 돈키호테 같은 도전을 시도한 게 조선·동아일보를 정독하며 필사하고 그 연장선에서 자연스럽게 일어난 마음의 발로라고 볼 수 있겠다. 그 연장선에서 자연스럽게 세계여행, 지구촌 곳곳을 누비고자 하는 열망 또한 더 견고해졌다고 할 수 있겠다. 무엇보다도 좋은 일을 하려면 내게 돈이 있어야 한다는 것, 사람은 돈을 열심히 벌어야 한다는 것도 신문을 통해서 알았다. 특히 모든 신문에서 주는 메시지가 항상 그랬다. "살아가려면은 때로 돈이 목숨과도 같은 존재고, 세상 돌아가는 건 돈에 있다."

어찌 보면 여상을 졸업하자마자 취업 전선에 뛰어든 것도 그런 생각에서다. 학문의 지식이라는 것은 독서나 신문을 통해 충분히 독학할 수 있고, 일단은 남들 대학 가서 캠퍼스에 머물 시간에 돈을 버는 데 집중하자는 생각이었다. 어차피 세상은 바뀌어 평생 교육의 시대고, 공부는 죽을 때까지 하는 거니까, 대학 다니는 남들이 전혀 부럽지 않았다.

혹 나중에 대학을 가고 싶으면 돈을 벌어서 가면 되니까! 30에 가서 대학을 가도 되고 40에 가서 대학을 가도 되고 내 의지만 있으면 공부는 내가 죽을 때까지 할 수 있다고 믿었다. 그러니까 학력에 대한 강박의식에서 자유스러울 수 있었다. 시대의 풍조를 따라 반드시 대학을 졸업해야 한다는 고정관념에서 난 초월해 있었다.

나는 언제든 마음만 먹으면 학사는 물론 석사 학위와 박사 학위도 딸 수 있는 사람이라는 확신이 있었다. 그래서 느지막에 늦깎이로 학업에 정진해 앞서 밝혔듯이 두 곳의 대학을 졸업하고 이제는 석·박사과정을 준비 중에 있다.

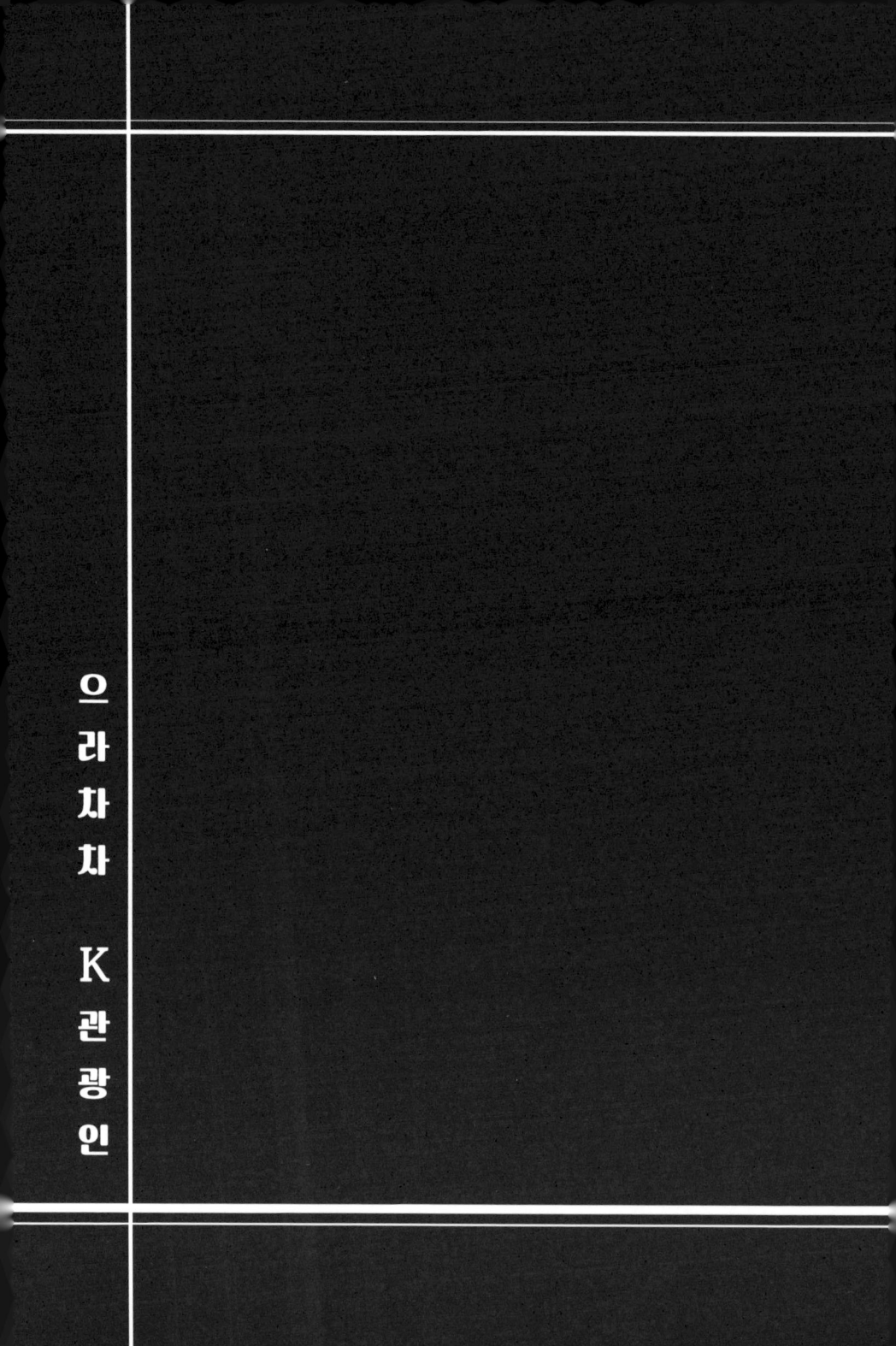

제 7장

소양교육 실무자로 숱한 VIP들과 조우하다

경험은 배울 줄 아는 사람만 가르친다.
- 올더스 헉슬리

그렇게 나는 상고를 졸업하자마자 대학 대신 일자리를 찾아 나섰다. 다만 그때는 여성의 사회 진출에는 아주 견고한 유리 천장이 있었다. 그런 악조건 가운데 여성으로서 가장 성공적인 사회 진출은 은행원이 되는 거였다. 은행원이 아니라면 기업체 경리직이 그 대안으로 여겨지던 시절이었다. 그리고 그때는 시험보다도 추천에 의한 취직이 많았다. 속된 말로 들어가고자 하는 업체나 기관에 막강한 영향력을 행사할 수 있는 든든한 백(뒷배경)이 작용해야 했다. 그러니까 1975년도에는 여자가 아무리 명문 고등학교를 나왔다 하더라도 네트워크나 백이 없으면 취업이 어려웠다. 그때 공채는 공무원 직군 정도로 가뭄에 콩 나듯 있었고, 있어도 선발 과정이 그렇게 투명하지도 않았다. 요즘도 그런 일이 적지 않게 일어나는데 옛날에야 말할 것도 없었다. 쪽지로 오가든 어떻게 하든, 학교 백, 아니면 아버지(친척) 백을 통해서만 좋은 데 취직할 수 있었다.

나 또한 일자리를 찾아 헤매던 중에, 운이 좋게도 육군 보안사 장교였던 친척 오빠의 노력과 성원으로 한 국책 언론기관에 일자리를 구할 수 있었다. 나의 첫 직장은 대한공론사로, 문화공보부 산하 기관이었다. 나는 그 회사 사업부에서 일하기 시작했다. 내가 있던 사업부에서는 해외여행 보안 교육 업무를 담당하고 있었다.

지금이야 외국에 나가는 것이 일반화되었지만, 당시 박정희 대통령 시절에는 대단한 위치에 있는 사람이라야 외국에 나갈 수 있었다. 여권이 대부분 단수 여권 체제였고, 여행사도 등록제가 아닌 허가업종으로 총 23개사에 불과했다. 무엇보다 여권 허가제였던 시절이었다. 여권에도 상용·방문·문화·이민·유학 이런 식으로 여권의 목적이 뚜렷하게 정해져 있었다. 수많은 법적 서류를 검토해야 했고, 최소 보름 가까이 걸리던 신원 조회가 끝나야 비로소 여권이 나왔다. 여권의 유효기간도 1년 정도로 매우 짧았기에 보통 한번 외국으로 나가기 위해서는 복잡하고 엄격한 절차를 매번 거쳐야 했다. 그리고 이 여권을 발급받기 위한 필수적인 절차 중 하나로 반공 보안교육을 필히 받아야 했다.

중앙정보부(안기부)·치안본부·관세청·문화공보부 등에서 나온 이들 혹은 유명 인사들이 해외여행 여권을 받아야 하는 인사들을 대상으로 반공 교육부터 시작해서 보안 교육, 조총련 관련 교육 등 여러 소양 교육을 받고 이수 필증을 받아야만 했다. 예를 들어서 누군가 국외로 간다고 하면 관할 경찰서의 신원 조회 조사를 까다롭게 받아야 했다. 이 과정에서 형사가 대상자에게 기본적인 인터뷰를 하고, 용공 관계가 있는지, 집안에 북한 관련해 부역한 사람이 있는지, 외국에 가서 조총련과 연관될 지점이 있는지 등 모든 사항을 꼼꼼하게 크로스 체크했다. 소양 교육은 일반 교육과 특별 교육으로 나뉘어서 공무원 2급 이상, 대기업 사장, 학교 총장과 같은 주요 인사들의 경우 특별 교육 4시간을, 그 밖의 일반인들은 이보다 두 배 많은 일반 교육 8시간을 받아야 했다.

    이 소양 교육은 보통 오전부터 시작해 저녁에 끝나기 일쑤였다. 박정희 대통령 특명으로 여권 발급 과정에서 다른 절차는 다 대행할 수 있더라도 이 소양 교육만큼은 지위 고하를 막론하고 본인이 직접 받아야 했다. 당시 박 대통령과 3부 요인을 제외하고는 여권을 받으려면 본인이 직접 와서 얼굴을 비춰야 했다. 장관이나 재벌기업 회장일지라도 교육을 대리할 수는 없었다.

    당시 나는 소양 교육을 받으러 오는 사람들의 관련 서류를 작성하고 교육 출결을 관리하는 검사원이자 감시원으로 일했다.

    대한공론사 보안교육 진행 실무자로 일한 지 그리 얼마 지나지 않은 어느 봄날이었다. 아침에 출근해 그 날의 교육자 리스트를 체크하다가 나는 순간 내 눈을 의심했다. 한때 내가 사회 지도층 인사로 존경해 마지않았던, 김동길 교수가 동생 김옥길 이화여대 총장과 함께 그 리스트에 포함돼 있었다. 순간 내 얼굴이 화끈 달아오르고 가슴 속 심장이 쿵쾅거리기 시작했다. 마치 오랫동안 연락 두절되었던 첫사랑 연인을 뜻밖에 조우하게 된 그런 마음으로 나는 교육시간이 다가올수록 복잡다단한 심사에 휩싸였다.

    그날 교육장에서 김옥길 총장과 김동길 교수와 그렇게 조우했다. 그런데 김옥길 총장은 나를 알아보지 못했다. 그렇게 지나치는 김 총장에게 '저 모르시겠어요? 오래전 고향 오산에서 김 총장님 댁까지 찾아가서 김동길 교수님 면회 가도록 도와달라고 간청하던 조태숙 학생……'이라고 말하고픈 마음이 굴뚝같았다.

하지만 그날따라 맡고 있는 직책의 무게감과 주변 분위기 때문이었던지 차마 뇌리 속 그 말을 꺼내지 못했다. 다만 그날 나는 그 두 분께 쉬는 시간에 따뜻한 차를 대접하는 것으로 존경의 마음을 피력했다.

덕분에 나는 유명한 사람들을 많이 볼 수 있었고 그분들과 잠깐잠깐 대화를 나눌 수도 있었다. 나는 그들과 한나절 이상 같은 공간에서 호흡하면서 그들의 살아가는 모습을 배웠고, 그들의 삶에 대해 물어보기도 했다. 어쩌면 당시 내 직업은 소양 교육 감독자로 나름 끗발 센 자리였다.

하지만 그러한 위세를 뽐내거나 자랑하지 않고 그곳에서 함께하는 사회 저명인사들의 성공 비결을 단 하나라도 터득하고자 각고의 노력을 기울였다. 얼핏 보기에 비생산적인 직분을 맡은 것으로 보였으나, 나는 "처음은 미약하나 그 끝은 창대하리라"라는 성경 구절을 믿었다. 사소한 인연이라도 그 행간에 숨은 운명적 필연성을 되새기며 이를 계기로 훗날 영풍항공여행사 창업의 밑거름을 하나하나 다져나갔다.

처음에는 그렇게 유명한 분들을 뵙는다는 것조차도 두려웠다. 나는 이제 막 서울에 올라와 돈을 벌기 시작한 사회 초년생에 불과했기에 그러했다. 하지만 은사 김정선 선생님께서 해주셨던 말씀을 되새기며 그런 두려움을 극복할 수 있었다. 당시 다시 떠올린 선생님의 말씀은 이런 것이었다.

"비로봉 산꼭대기가 아래에서 보면 높고 뾰족해 보여도, 그 뾰족한 비로봉을 끝까지 올라가면 막상 그곳은 그저 평평한 평지다."

비로봉뿐만이 아니라 모든 산꼭대기를 밑에서 올려다볼 때는 높은 정상인 것만 같아도, 감히 넘나 볼 수 없는 그런 곳 같아도, 한 걸음 한 걸음 내디디며 올라가면 결국 그게 평지다. 그게 선생님의 지론이자 철학이었다. 사람은 다 똑같다는 이야기였다. 그러니까 그렇게 특별해 보이고 위대해 보이지만, 인간은 다 똑같은 인간이며 기본적인 밑바탕은 다 거기서 거기라는 거였다. 그 이야기를 곰곰이 생각해 보니 그곳에 오는 유명한 모든 사람이 다 평범한 아저씨, 아주머니로 느껴지고, 사람을 대하는 것이 갈수록 자연스러워졌다.

그때 그분들은 어린 내가 무언가를 물어보는 것이 기특하기도 하고 귀엽기도 하다며 나에게 무척 잘해 주셨고, 내가 궁금해하는 것들에 대해서 친절하게 대답해 주셨다. 때때로 나는 그런 분들에게 대학을 꼭 가야만 성공할 수 있느냐고 물었는데, 의외로 대학을 꼭 갈 필요는 없다고 대답해 주셨다. 그러한 말을 듣고 대학에 대한 약간의 미련이 남아 있던 나는 그 미련을 훌훌 날려버릴 수 있었다.

교육받는 사람들이 이탈하지 못하게 감시하는 역할을 맡다 보니 겨울에는 꽤 고생도 했다. 교육장 안은 따뜻해도 밖에 서 있다 보면 손발이 동상에 걸리는 건 일도 아니었다. 그리고 근무 시간과 일의 분량은 많은데 봉급은 박봉이었다. 월 16만 원으로 출발했던 것 같다. 당시 1975년도는 대기업의 경우 50만 원은 기본급으로 받을 때지만 정부 기관들은 공무원 급여에 연동되기에 16만 안팎으로 무척 적었던 편이다. 또 고졸 대졸에 대한 차별도, 남녀 차별도 굉장히 심했으므로 내가 하는 노동의 양이나 강도에 비해서 대가는 아주 박한 편이었다고 할 수 있다.

그렇지만 내게 불평불만은 전혀 없었다. 대기업 다니는 사람들이 부럽지도 않았다. 누구나 각자의 길이 있기에 그런 길은 그들의 길이고, 내가 갈 길은 따로 있다고 생각했다. 나는 이 직장의 그릇과 활용도와 미래가치, 사회적 인지도에 만족했기 때문이다. 대한공론사는 당시 유일(국내)의 영자 신문 코리아헤럴드도 발간하는 대한민국 정부 기관이기에 나는 힘든 업무와 적은 봉급에 불구하고, 직장 생활에 굉장한 보람을 느꼈다. 또 굉장히 특수한 업무를 하고 있다는 자긍심, 다양한 사람들을 만남으로써 다양한 가치와 철학을 배울 수 있는 기회. 그것들은 내게 엄청난 미래가치를 안겨주리라 굳게 믿어 의심치 않았다.

으라차차 K관광인

제 8장

딱한 처지 이웃을 아낌없이 성원

친구를 얻는 방법은 친구에게 부탁을 들어달라고 하는 것이
아니라 내가 부탁을 들어주는 것이다.
- 투키디데스

'인생은 언제 어디서 누구를 만나느냐에 따라서 운명이 바뀐다. 이와 관련해서는 다양한 사람을 많이 만나보아야 한다.'

이러한 깨달음 역시 독서를 통해 터득한 철학 중 하나다. 동시에 실제 사회생활을 하면서도 뼛속 깊이 체득하며 마음에 되새긴 철학이다.

대한공론사에서 소양 교육 실무 책임자 보조업무를 수행하면서, 우리나라 경제를 주름잡는 정·재계 사람들과 조우했다. 그런 이들을 실제로 만나면서 여러모로 검소한 태도를 배울 수도 있었다. 다양한 사람들을 만나면서 얻는 교훈을 내 마음에도 새기고, 큰 인물들의 됨됨이를 관찰하며 이를 닮아보기로 작정하곤 했다.

사회 초년생에 불과한 나지만 그렇다고 그곳에서 내가 고개를 숙이고 다녀야 하는 직분도 아니었다. 누구나 똑같이 교육을 받아야 하는 곳, 어느 누구도 자신의 특권을 내세울 수 없는 곳이었고, 일단 그들이 교육장에 찾아온 이상 그날은 나의 감독과 지휘에 순응할 수밖에 없었던 감독관의 위상을 지니고 있기 때문이다. 그들이 아무리 사회적 지위가 높고 재력이 엄청나다 하더라고 교육을 받으러 오는 순간만큼은 내 지시를 따라야 했다. 그들의 해외 거래처와의 비즈니스 성패의 물꼬를 트는 데 아주 중요한 여권 발급 여부가 이 교육 이수에 달려 있었다. 어찌 보면 내 뒷배는 탄탄했고 꿀릴 게 없었다.

하지만 내가 직접 그들의 도움을 받은 것은 크게 없었고, 재밌게도 내가 다른 이들의 뒷배가 되어주기도 했다. 일자리를 구하지 못해 생계가 어려운 이들을 내가 만나는 VIP, 또는 그 VIP를 모시는 내 업무의 실행 파트너인 대기업 인사•총무 결정권자들에게 자연스레 소개해 준 것이다. 소양 교육을 받으러 오는 사람들이 사회의 높은 위치에 있는 이들이었기에 그들에게 부탁하면 대부분 어렵지 않게 풀리는 문제였다. 예컨대 당시에는 사우디아라비아•리비아 등 중동지역으로 우리나라 건설 노무자들을 송출하는 게 엄청 큰 시장이었다. 이러한 송출 업무를 담당하는 현대건설 등 관련된 모든 대기업의 근로자들 역시 소양 교육을 받아야 하는 대상자였다. 그리고 나는 안기부의 모 부장, 치안 본부의 모 경감, 문공부의 모 국장 등 사회적인 인사들과 긴밀하게 소통하며 그들이랑 동료처럼 자연스럽게 지내던 사람이었다. 대통령의 특별 지시로 진행되는 교육의 감독관이라는 역할도 컸다.

    그렇기에 법을 어기지 않는 선에서 나의 고향 사람이나 지인들의 간곡한 부탁을 대신 들어 줄 수 있었다. 예를 들면 아는 동네 사람이 사우디아라비아에 근로자로 나가고 싶다면, 내가 관련 기업 비서실에다가 연락하여 '그쪽 송출 리스트에 한 사람 추가해 같이 보내 달라'고 전하면 되는 일이었다. 대기업 쪽에서도 이 소양 교육이 매우 엄격하고 중요한 절차라는 걸 알았기 때문에 그런 나의 부탁의 성사 확률은 100%였다. 기업 쪽 사람들도 자기네 회장님이 이번에 교육 가는 걸 잘 봐달라고 부탁하는 입장이었기 때문에, 자연스레 일종의 거래를 이룰 수 있었다. 지인들의 부탁이 들어오면 나는 관계회사에 연결해 주고, 회사 쪽에서는 추천 인물에 대한 웬만큼 큰 하자가 없으면 요청을 수락해 주었다. 말하자면 서로 누이 좋고 매부 좋았던 일이다.

그렇게 사우디아라비아 송출이 가능하도록 나는 빽 없는 이들을 도와주었다. 당시의 사우디아라비아 송출 건을 통해서 한국은 많은 외화 획득을 할 수 있었다. 때문에 그곳에 파견되는 사람들은 다녀온 뒤에 한국에서 만족스러운 생활을 꾸려나갈 수 있었는데, 그만큼 그런 기회를 얻는다는 것은 쉽지 않았다. 애초에 노무 인력 송출 외에도 당시에는 누군가의 추천(천거)이 있어야 취직이 되던 시절이었다. 요즘도 종종 뉴스에 여전히 통용된다고 나오는데, 30~40년 전에는 말할 것도 없었다.

대한공론사에서 근무하면서 중동지역으로의 인력 송출을 도와준 이들을 합해 보면 대략 한 100여 명이지 않을까 싶다. 그 이상을 하다 보면 브로커 업자가 될 수 있으므로 선을 넘지 않는 범위에서 진행했다. 당시 중동을 나가지 않았더라면 가정이 곤궁한 처지에 놓일 사람만 적극 도와주었는데 결국에는 그들의 인생을 바꿔준 셈이었다. 전화 한 통으로 내가 할 수 있는 선에서 도움을 주어서 그들의 인생이 활짝 펴도록, 운명이 바뀌도록 말이다. 대한공론사에 4년 정도 있었지만, 그 기간 동안 꼭 필요한 사람들한테 일생일대 기억에 남을 만한 도움을 줄 수 있었다. 나는 나에게 주어진 끗발 좋은 요직의 영향력을 개인 치부에 일절 사용하지 않고 불쌍한 이웃들이 성공의 발판을 마련하도록 사심 없이 도왔다.

그러니까 나의 입장으로서는 큰일을 한 것도 아니지만, 그 사람들에게 나는 은인과도 같은 존재가 되어버렸다. 내 도움으로 파견을 다녀와서 외화를 벌어온 이들은 이후 나의 인생에 든든한 바탕이 되어주었다. 나를 초청하여 고맙다는 마음의 표시를 하곤 했지만, 그 이후에도 나의 여행사 일에 적극적으로 도움의 손길을 베푸는 데 앞장섰다. 나는 영풍항공여행사를 창업하기 전에 3개 여행사에서 근무했는데, 이들은 내가 첫 여행사 매니저 일을 시작할 때부터 나의 주요 고객이 되어주었다.

1970년대 해외여행 자유화 이전이다 보니 누구나 해외를 나가려면 반드시 통과해야 하는 길의 감독관으로 있으면서 나는 정·재계의 큰 사람들을 만나고, 많은 사람에게 큰 혜택도 줄 수 있었다. 어찌 보면 잘 나갔다고 말할 수도 있고, 정말 교육적으로도 많은 보람과 가치를 얻을 수 있었다.

하지만 오히려 다양한 사람들을 만나고 경험과 철학이 쌓이며, 세상을 보는 안목이 날로 새로워지고 자라면서 새로운 생각이 피어올랐다. 이곳에서는 나의 엄청난 잠재능력을 발휘할 수 없고 클 수가 없다는 생각이 들기 시작했다.

나는 사람이라면 좋아하는 일을 해야 한다고 생각했고, 그 좋아하는 일이 나한테는 여행 비즈니스였다. 대한공론사에 들어갈 때부터, 아니 초등학생 때부터 나의 장래 희망이 '돈을 많이 벌어서 여행을 많이 하겠다'였으므로 그 꿈은 소양 교육 일을 하면서도 놓지 않았었다. 사회 생활을 하면서도 기회가 되면 주욱 여행을 많이 다녀야겠다는 생각을 하고 있었지만, 4년 동안 일을 하다 보니 이 직무는 여행 가기 전 교육을 시키는 쪽이지, 내가 직접 여행을 가는 것과는 상관이 없었다. 끊임없이 몰려오는 교육만 진행하다 보니 나의 로망인 여행도 제대로 가지 못하고 내가 좋아하는 일과는 자꾸 멀어지는 듯한 기분이었다. 그래서 내가 좋아하는 일과 관련된 평생 직무를 곰곰이 생각해 보니, 여행업계라는 결론을 쉽게 내릴 수 있었다. 그리고 소양 교육 업무가 점점 더 힘들어지던 차, 4년간 몸담아 온 대한공론사를 떠날 기회가 왔다. 한 여행사 간부가 어느 날 내게 와서 직장을 옮길 생각이 없느냐며 스카우트를 제의해 왔다.

으라차차 K관광인

제 9장

5백원 상경 차비로 시작해 차와 집 장만

희망이 없으면 절약도 없다. 우리가 아끼는 이유는
무엇인가 미래를 위해서다.
- 윈스턴 처칠

자라면서 읽은 무수한 책 중 펄 벅의 대표작 [대지]가 손에 꼽는 내 인생 작품이다.

펄 벅이 미국 여성 최초로 노벨문학상을 받은 작가라는 점에 같은 여성으로서 끌렸던 것도 있었지만, 특히 [대지]를 읽고 난 후 '땅을 소유하는 게 중요하다'라는 점을 마음 깊이 각인했다. [대지]와 여러 사회 경험을 통해 나는 자연스레 돈과 땅에 대한 철학을 확립하기 시작했다. 사회 초년병 시절부터 절약의 습관을 체득하고 부동산 분야에 지대하고 끈덕진 관심을 가진 것 또한 내 인생 전반에 큰 영향을 끼쳤다. 이와 관련해서는 별도 토픽으로 정리하고자 한다.

첫 직장이었던 대한공론사에서 봉급을 몇만 원 받으면서도 나는 일단 돈을 모아야 한다는 일념이 강했다. 봉급을 받으면 무조건 돈을 쓰지 말아야 한다는 생각을 했다. 안 써야만 돈을 모을 수 있다는 그런 단순한 결심이었던 거다. 그래서 매달 봉급을 받자마자 70%는 저금하고, 30%를 가지고 최소한의 생활을 해나갔다. 당시에는 언니 집에서 살고 있었기에 언니네에 생활비를 조금만 부담하면 되어서, 주거비로 돈이 크게 나가지는 않았다.

무엇보다도 대한공론사에서 소양 교육 실무 진행자로서의 직무가 직무다 보니 종종 대기업 회장들이 오면 어린 나를 두고 수고한다면서 수고비도 적지 않게 주곤 했다. 봉급보다 그런 수고비로 받는 금액이 더 많을 때도 있었다. 사실 그 당시 여행사 TC(tour conductor_국외여행 인솔자)들 역시 소위 말하는 그런 '보너스'를 통해 월급보다 수십 배 많이 벌어들이던 사람도 많았다는 사실은 공공연한 비밀이었다. 그 가운데 여행업계 남자들 대부분은 향락으로 그러한 수고비를 탕진하다시피 해 저축을 제대로 하지 못하는 경우가 비일비재하던 시절이었다.

준공무원 여성이었던 나는 입 밖으로 꺼낼 만큼 상여금 액수가 크지 않았지만, 그렇게 랜덤하게 생기는 적은 돈도 옷을 사 입는다든지 멋 내거나 노는 데 쓰지는 않았다. 그런 돈의 경우 모두 저금을 했다. 당시 내 뇌리에는 돈을 모아서 집을 사야 한다는 일념뿐이었다.

나는 돈 관리에 대한 특이한 습관이 있었다. 바로 나 혼자 쓰는 경비는 악착같이 극소화하고 남을 위해서 쓰는 경비는 아주 너그럽게 써야 한다는 일종의 강박 관념이었다. 한때는 내가 살던 곳이 청계천 8가 삼일아파트였는데, 용돈을 아껴서 돈을 모으겠다는 일념으로 시청 인근까지의 출퇴근 거리를 매일 걸어 다녔다. 그러면 왕복 3시간 정도가 걸린다. 지금 물가로 왕복 2,400원이 한 달이면 그것도 아주 큰 금액이었다. 예컨대 몇만 원 봉급 받아서 차비가 한 만 원쯤 든다면 그 만 원을 꼬박꼬박 모으면 굉장한 적금이 될 수 있는 그런 단위라고 여겼다. 매일, 매월, 그렇게 쭉 내리 5년 가까이 하루에 3시간 이상을 걷고 또 걸었다. 건강을 위해서 그런 것이라기보다는 무조건 차비를 아끼자는 일념이었는데, 매일 걷기가 습관이 되면서 자연스레 체력도 좋아지는 일거양득의 효과도 거뒀다. 이후 그로 인해 등산을 즐기는 데 일가견을 얻게 된 게 바로 그런 5년간의 걷기 연습이 자양분이 되지 않았을까 싶다.

한편으로 나는 점심을 건너뛰었다. 이 역시 다이어트를 위해서가 아닌 경비를 줄이기 위해서였다. 아침과 저녁만 먹었다. 당시 나는 하루 두 끼를 먹는 게 유대인의 관습이라는 이야기를 읽고 나의 그러한 결정을 합리화했다. 그렇게 점심을 건너뛰는 생활을 5년간 했다. 그렇게 해야만 봉급의 70~80%를 저축할 수 있었다.

그렇다고 해서 남에게도 인색한 것은 전혀 아니었다. 생각보다 내가 내 체면을 챙기려는 자존심이 강했던 거다. 주위 사람들에게 이미지 관리를 철저히 하자는 고정관념이 강해서, 남에게 돈 잘 벌고 직장 생활도 잘하고 있다는 연막전술을 구사했다. 이를 입증해주기 위해서 지인에게는 나에게 쓰는 것과는 비교도 되지 않게 밥과 술을 샀다. 게다가 나는 오산의 부잣집 딸이라는 주변의 인식도 있어 그런 이미지를 지속하고자 했다.

한국에 피자가 처음 들어왔을 때, 나는 직장 생활 중이었고 고등학교 친구들 몇몇은 내가 가지 않았던 대학을 가서 캠퍼스의 낭만을 멋지게 즐기고 있었다. 당시 캠퍼스 구내식당에서 백반이 400원, 짜장면이 300원이었던 시절이므로 당시 몇천 원이던 피자는 아주 고가의 음식이었다.

대학에 다니던 고교 친구들이 종종 내 직장에 오면, 그때 돈을 잘 버는 사람이 나였기 때문에 친구들에게 피자를 많이 사줬다. 사실 돈을 벌긴 해도 봉급이 정말 짰기에 잘 번다고 할 수는 없는 수준이었는데도 말이다. 몇만 원을 한꺼번에 친구들의 식사 대접에 아낌없이 베풀었다. 그러면서 나는 특유의 호탕한 웃음 가득한 표정으로 말하곤 했다.

"우리 직장은 좋아서 사내 식당에서 맛있는 게 맨날 나오고, 일하며 만나는 분들이 좋은 음식을 많이 사주기 때문에 이런 거 많이 먹는다. 대학생들 용돈도 뻔한데 나는 돈 버는 사회인이니 찾아오면 내가 밥과 술을 매번 낼게."

사실 사내 식당이 있긴 했으나 공짜로 점심을 주는 건 아니었다. 어린 자존심에 거짓말을 한 거였다. 당시 피자값뿐만이 아니라도 술값을 내가 다 내는 일이 많았고, 나를 찾아오는 사람들은 그냥 돌려보낸 적이 없고 항상 푸짐하게 식사를 대접해서 보냈다.

이처럼 내게는 아주 엄격한 기준을 적용하면서도 주변 친구나 아는 사람들한테는 관대하게 베푸는 게 나의 소비 패턴이었다.

돈을 안 써야 돈을 모을 수 있다. 쓰면 모을 수가 없는 게 돈이다. 하지만 주변 사람들에게 인심을 팍팍 베풀었던 게 진정 마음에서 우러났기도 했고 자기 이미지 관리 차원도 있었다. 혹자는 이를 가식이라 할 수도 있지만 나는 이것이 나를 커리어우먼으로 성공시킨 하나의 자양분이 되었다고 생각한다.

그렇게 살다 보니 직장 생활 5년 만에 내 집을 마련하고, 또 10년 만에 내 차를 마련할 수 있었다. 서울에 올라오자마자 내가 일자리를 구하기도 전부터 생각한 건 우선 집을 장만해야겠다는 일념이었다. 그렇게 돈이 조금 모였을 때 시청을 찾아가, 나 같은 사람이 집을 사려면 어떻게 하느냐 물어봤다. 그러니 담당 공무원이 떨떠름해 하면서도 당시 주공 아파트 청약 방법을 상세하게 알려주었다. 한 달에 얼마씩 청약금을 붓고, 당첨이 되면 청약 신청을 하면 된다고 했다.

그래서 대한공론사에 근무하던 1978년 당시 서울시 강동구 시영 아파트를 분양받을 수 있었다. 지금 그 건물은 오늘날 고가 아파트촌인 롯데캐슬이 돼 있지만, 당시에 그곳 강동구 고덕동은 아주 시골이나 진배없었다. 큰 아파트가 아예 없던 시절이기도 했고. 아마 그때 분양 대금은 11평에 580만 원이었는데, 신혼부부들이 살 수 있는 정도의 작은 방 두 개 크기였던 집이다. 소소한 집이었지만 어쨌든 서울 시내에서 집을 하나 가져야 된다는 생각에 78년에 분양을 받았다.

대한공론사에서 여행사로 이직해 돈이 또 모이자 마포에다 집을 하나 더 샀다. 당시 내가 다닌 대부분의 여행사는 주로 시청 앞에 사무실이 있었다. 분양받은 집이 있던 고덕동은 내 직장과 거리가 너무 멀었기 때문에 출퇴근이 불편한 곳이어서 직장 근처에 있는 집이 하나 필요했다. 그리고 무슨 고집인지 서울의 중심에서 놀아야 한다는 고정관념이 내 의식구조 깊이 각인돼 있었다.

당시 차를 소유한 사람은 적었는데, 특히 운전하는 여자는 거의 없었다. 차는 한마디로 멋을 부리기 위해 샀다. 그래서 내 차를 몰고 고향에 가는 것을 일종의 자기과시 차원에서 즐겼다. 그때만 해도 경기도 오산이 시골이라고 여겨질 때였으니 동네 사람들에게 내가 반짝반짝 빛나는 자가용을 몰고 온 것 자체가 뉴스였다. 부모님들이 큰 가게를 운영했기 때문에 우리 가게에 찾아오는 많은 사람마다 가게 앞에 세워진 빨간색 예쁜 차를 보고 놀라워하고 신기해했다. 게다가 부모님을 잘 아는 동네 사람들은, 우리 집안 내력이나 부모님의 평소 지론상 자녀에게 절대 차를 사주는 집이 아니라는 것을 필경 잘 알고 있었다. 서울에 가서 돈을 벌어 그렇게 집은 물론 멋진 차도 장만했다는 사실을 인지하고 있었기에 나에 대해 칭찬 일색이었다. 청운의 꿈을 품고 집을 나올 때 내겐 서울 언니네 집까지 가는 왕복차비 500원만 달랑 주어졌다. 부모님이 500원을 주시며 "이 500원을 갖고 벌어서 시집을 가든지 알아서 살아가야 한다"고 신신당부했었다. 그랬는데 고향을 떠난 지 10여 년만에 집과 차를 장만해 금의환향했으니 화제가 될 수밖에 없었다.

"500원 외에 부모님께 하나도 안 받고 이렇게 자수성가하다니 너 대단하다."

"이건희 회장 같은 사람들은 집안 금수저로 태어났지만 너는 물려받은 것도 아닌데 어떻게 자립해 그 정도로 기반을 잡았니?"

"너는 올라갈 때 500원 차비 들고 올라간 애가 올 때는 집이랑 차를 끌고 오니, 너 다시 봤다."

이처럼 부러운 눈빛이 묻어난 표정으로 칭찬 일색의 이야기를 들으니 기분이 참 좋았다. 돈을 안 쓰고 모으며, 돈에 관심을 가지면 집도 살 수 있다. 어린 나이에 이를 깨달아 실천한 것에 스스로 자부심과 보람을 느꼈다. 그러면서 내가 버는 돈의 소중함을 자연스레 체득했다.

제 10장

부동산 귀재 친구 덕에 부동산 투자에도 성공

멀리 있는 친구만큼 세상을 넓어 보이게 하는 것은 없다.
그들은 위도와 경도가 된다.
- 헨리 데이비드 소로우

10여 년 전에 극장에서 상영된 [언터처블 1%의 우정]이라는 프랑스 영화가 있다. 하루 종일 누군가의 도움을 받지 않고서는 아무것도 할 수 없는 전신 불구의 상위 1% 억만장자 어르신 필립(프랑수아 클루제 분)은 어느 날 우연히 건강한 신체조건이 유일한 강점인 하위 1% 무일푼 백수 청년 드리스(오마 사이 분)와 조우하게 된다.

어르신 필립은 자유분방하고 낙천적인 청년 드리스에게 2주 동안 한시도 떠나지 않고 자신의 손발이 돼 자신을 간호하는 일을 감당할 수 있는지 시험해 보고자 하면서 펼쳐지는 감동 실화를 기반으로 한 영화다.

나는 이 영화를 보며 얼핏 보기에 상식적으로 전혀 어울릴 것 같지 않은 두 남자의 예측불허 기막힌 동거 스토리에 푹 빠져들었던 기억이 새롭다. 어쩌면 사회초년병 시절 나에게도 이 영화와는 그 뉘앙스가 다르지만 "극과 극은 서로 통한다"라는 영화의 주제와 일맥상통하는 한 만남이 있었다.

앞서 거론했듯이 내가 젊은 시절 돈을 더 크게 굴리는 방안은 다름 아닌 부동산 투자였다. 나의 부동산 투자 이야기에 빼놓을 수 없는 친구 한 명이 있다. 그녀는 인생의 목표가 돈을 많이 버는 거였다. 그녀는 국내외 수출입을 중개하는 무역회사의 머천다이저(merchandiser_상품화 계획·구입·가공·상품 진열·판매 등에 대한 결정권자 및 책임자를 이르는 말)였다. 그녀는 비즈니스 관련 미국 수속을 밟기 위해 당시 내가 일하던 여행사를 찾아오면서 알게 되었다. 우리는 이런저런 대화를 나누다가 친해졌다. 서울의 S여고를 졸업한 그녀는 '처녀가장'으로서 홀어머니를 자신이 혼자 부양해야 한다는 막중한 책임감에 휩싸여 있었다. 영어 공부를 열심히 한 그녀는 당시 여자들이 취직하기가 하늘의 별따기 만큼이나 유독 어렵다는 외국인 회사에 입사해 남부러움을 샀다.

이후 친해진 그녀를 통해 외국계 회사 거래처도 많이 소개받을 수 있었다. 당시는 우리나라에 외국 기업이 많이 들어와 있지도 않을 때라 그녀가 소개해 준 외국계 회사의 비서들이 내 영업 실적 증진에 큰 도움을 주었다.

그녀는 번듯한 외국계 회사의 유능한 직원이었으나 그에 안주하지 않고 돈을 벌려면 부동산에 투자해야 한다는 강한 소신을 갖고 있었다. 당시 외국계 회사의 봉급은 일반 회사나 공기업 근무 여직원의 10배쯤은 되었다. 당시 그 친구는 돈을 천만 원 받으면 천만 원에서 100만 원도 안 쓰고 900만 원 이상을 모두 적금에 넣는 사람이었다. 적금의 목적은 오직 하나, 부동산 투자였다. 영어 구사와 영업 업무 능력뿐만 아니라 부동산 투자 관련 안목도 뛰어났던 그 친구는 내게도 자연스럽게 영향을 끼쳤다. 그 친구는 내가 마포에 집을 살 때 개포동에다가 집을 샀다. 당시엔 서울 강남 개포동은 본격적인 개발 이전이었는데, 앞을 훤히 내다보고 산 거였다.

그 친구가 내게 권하는 땅이 있으면 나는 그저 부화뇌동식으로 따를 뿐이었다. 나는 부동산 투자지에 가지도 않고 이것저것 따져보지도 않았다. 부동산 관련 일을 공무원처럼 꼼꼼하게 확인하고 실행하던, 그런 믿는 친구의 말이라면 내가 검증할 필요도 없다고 여겼다.

그 친구의 조언을 받아 나도 개포동에 집을 사야 하나 싶었지만, 내가 개포동에서 시청 앞까지 출근하려면 2시간쯤 걸린다는 게 큰 장애 요인이 되었다. 나는 걸어서 다닐 수 있는 데가 필요했다. 대한공론사 다닐 때도 차비를 아끼려고 편도 2시간 이상을 걸어 다녔던 나였다. 또 나는 여행사에서 맡은 바 여러 가지 일을 하느라 일을 심야 11시까지 하고 가야 하는 처지였다. 당시에는 걸어서 가면 통행금지에 걸리는 문제도 있었기에 거리가 먼 개포동에다가는 집을 살 수가 없었다. 그래서 걸어 다닐 수 있는 곳이면서도 서울의 중심과 가까운 곳에 집을 산 게 마포의 진주아파트였다.

'돈을 많이 벌어야 한다. 그러려면 저금은 기본이고 저금 다음에는 부동산에 투자하자.'

그러려면 우선 내가 살 집을 하나 사야 했기에 20대 초반부터 아파트 청약에 적극적이었다. 그렇게 살 곳을 만든 다음부터는 부동산 투자에 관심을 쏟았고, 이후로는 돈이 모이면 땅을 사곤 했다. 어느 지역의 땅에 투자하면 좋을지의 정보는 내게 없었고, 발군의 직감도 없었다. 그냥 나는 부동산 전문가인 그 친구가 사라고 하는 데를 따라서 샀다. 그래서 80년대 중반 즈음에는 아파트에 올인하는 데서 벗어나 처음으로 용인 지역의 땅을 샀다.

이후에는 또 전남 신안 앞바다 섬의 땅을 샀다. 이때는 친구 남편이 기획 부동산을 했는데, 친구만 믿고 가보지도 않고 투자한 거였다. 기획 부동산이었기에 처음에는 사정이 좋지 않았겠지만, 신안 보라섬이라고 알려진 이곳은 그 후 유명한 천사대교도 생기고 성공적으로 개발되고 있는 땅이 되어 수십 년 만에 빛을 보게 되었다.

그리고 훗날 경기 파주 헤이리 예술인마을 땅에도 투자했다. 영풍항공여행사 자산으로 강남 선릉역 인근의 오피스텔 몇 채를 사서 그 임대수입으로 영풍항공 경영 자금으로 유용하게 쓰고 있다.

여기서 다시 한번 깨달은 것은, 소설 [대지]가 말해주듯 땅은 나를 배신하지 않는다는 거다. 사기만 당하지 않는다면 부동산은 어디로 가지 않는, 전혀 손해 보지 않는 장사다. 다만 오랫동안 '땅은 나를 배신하지 않는다'라는 믿음을 가지고 있었기에 나는 그 빛을 볼 수 있었다고 본다.

내게 부동산을 알려 준 그 친구는 LA로 이민 간 지 20년 즈음 지나 시민권도 얻었다. LA의 큰 쇼핑몰에서 총괄 매니저를 맡으며 아직도 현직으로 일하고 있는 그녀를 보며 많은 자극을 받고 꿈을 이어간다. 미국에서도 그녀의 부동산 투자에 대한 통찰력과 직감은 여전히 유효하다는 것을 알고 있다.

아직까지 평생 독신으로 맹렬하게 경제활동을 해온 그녀와 계속 돈독한 신뢰관계를 견지해 오다 보니 그녀는 훗날 그녀의 상속 재산 후견인 지위를 내게 부여했다. 어쩌면 극과 극은 통한다고나 할까. 양극단은 얼핏 보기에 닿을 수 없는 것처럼 보이지만 결국에는 이어지고 통하게 돼 있다. 그게 인생의 원리다. 그러니까 소극적이면 적극적, 긍정적이면 부정적, 깔끔하지 못한 성격의 소유자는 깔끔한 성격의 소유자와 궁합이 잘 맞는다고 본다. 아마 부동산 귀재인 이 친구도 그런 점에서 나와 신뢰 관계가 구축되었던 것 같다. 서울 출신에다가 외국인 기업체에서 일했고, 나는 시골 출신에다가 국내 기업체에서 일했다. 그렇게 밟아온 길이나 사회적인 환경이 굉장히 차이가 나다 보니, 내게는 그녀의 도시적인 취향을 선망하는 내적 갈급함이 어느 정도 있었고 그녀는 내게서 도시에선 못 느끼는 시골적 순진함에 마음의 위안을 얻었는지도 모른다.

우리나라가 1998년에 IMF 사태를 맞았을 시기에도 나는 부동산에 대한 관심을 놓지 않았다. IMF 사태로 본격적인 충격파가 몰려온 게 1998년도에 들어섰을 때다. 우리나라 외환 보유고가 거의 바닥이었을 때, 오히려 여유 자금이 있던 나는 오랫동안 눈여겨 보고 있는 땅, 헤이리예술인마을에 투자했다.

당시 헤이리예술인마을이 회원을 모집했는데, 이곳은 일반인한테는 애초에 분양하지 않았다. 예술인들만을 위한 마을, 예술인들이 은퇴한 이후에 스스로 꾸려가기 위한 실버타운 건립을 목적으로 계획된 마을이었기에 예술인 자격이 있는 이들에게만 신청을 받았다. 그런데 나는 예술인이 아니었다. 그래도 승인을 받아낼 수 있었다.

나는 나를 관광 예술인이라고 인식하고 이 점을 부각시켰다. 오랫동안 여행사를 운영하며 전 세계 곳곳을 문화탐방 등의 목적으로 돌아다니다 보니 외국의 희귀한 문화와 기념품들, 그리고 한국 특유의 문화와 기념품들에 대해 나름 해박한 지식과 센스를 가지고 있다. 전 세계의 여행 기념품들과 문화 상품들을 수집해서 전시관을 만들겠다는 프로젝트를 구상해 심사위원회 측에 전달했고, 그러한 프로젝트 계획은 통과되었다. 내 박물관 계획서가 나름대로 예술인 마을을 조성하는 데 필요한 계획 중 하나라고 인정이 되었다.

계획 자체는 온전한 내 것이었어도, 이 마을에 대한 정보는 여성경제인협회에서 함께 활동한 이영희 친구 덕분에 얻을 수 있었다.

"서울에서 가까운 이 마을에다가 은퇴 후 별장을 마련하고 이곳에서 원하는 글을 쓰며 여생을 보내겠다!"

잡지사 사장이었던 그녀는 잡지 계통 역시 예술분야에 속할 수 있으니 그런 쪽으로 구상해 예리하게 계획을 짜겠다고 했다. 나도 함께했으면 좋겠다는 그녀의 권유에 나도 회원 신청을 했고 승인을 받아냈다.

그렇게 초창기 사단법인 헤이리예술인마을이 공식적으로 탄생했다. 박관선 현 이사장 이하, 한길사 김원호 대표, 방송인 황인용, 탤런트 김미숙, 최부란, 가수 윤도현 등 방송계 연예인들, 세계적 명성의 영화제에서 수상한 박찬욱 영화감독 등등... 내로라하는 예술인들 300명 정도가 신청했는데 그중에 내가 그 그룹에 속하게 된 거였다.

이제 헤이리예술인마을의 정회원으로 현재 나는 마을의 관광위원장 직을 맡고 있다. 아울러 이 마을은 K관광문화재단 건립의 초석이자 근간이 되었다.

제 11장

여행업계 입문 5년만에 '여권 박사'로 발돋움

친구를 가지는 유일한 길은 친구가 되는 것이다.
- 랄프 왈도 에머슨

나는 크리스천으로서 구약성경에 등장하는 '꿈꾸는 자' 요셉을 좋아한다. 창세기의 야곱이 가장 사랑하는 아들 요셉은 '꿈'에 관한한 전문가였다. 요셉은 그 어떤 상황에서도 꿈을 꾸고 그 꿈을 이해하고 그와 관련된 사람들의 여러 예언적 꿈을 곧잘 해몽해 탁월한 예지적 능력을 인정받았다. 요셉은 생사의 고비를 넘나드는, 실로 파란만장한 자신의 인생역정(人生歷程)을 통해서 그 꿈들을 성취해냈다.

내 인생의 롤 모델인 '꿈꾸는 자' 요셉을 통해서 나 역시 '꿈꾸는 자'로서 여행업에 대한 꿈을 현실에서 펼쳐보고픈 열망이 점점 더해갔다.

앞서 언급했으나 고교 졸업 후 몸담은 대한공론사에서 받은 급여는 준공무원이다 보니 적었다. 나는 한 우물을 파야 한다는 일념으로 열심히 일했으나 그곳에서의 소양 교육 업무가 점점 더 힘들어지면서 내가 하는 일에 어떤 의미가 있는지에 대한 회의감은 더욱 커져만 갔다. 오랫동안 가슴 깊이 품어 온 꿈인 여행업 분야 쪽에서 일하기 위해 여행사로의 이직을 고심하고 있던 차에, 당시 허가받아 영업중인 23개의 종합여행사에서 나에게 직간접적으로 스카우트 제의를 해왔다.

당시 우리나라 사람들의 해외여행은 자유화되기 이전이었다. 여행사들 대부분이 외국인들의 한국 관광을 유치하는 인바운드 여행 업무에 올인하고 있었다. 이 회사들 대부분에서 나를 스카우트하고 싶다는 연락을 해온 것이다. 대한공론사에서 내가 맡고 있던 직무가 여권 발급에 필수불가결한 소양 교육이었기에 이들 여행사 관련 정보는 어느 정도 파악하고 있던 차였다.

스카웃을 제의하는 여행사들이 나에게 원하는 업무는 여권 발급 관련 제반 업무여서 그러한 직무는 예전 직무보다도 더욱 역동적이고 진취적이었다. 무엇보다도 이 일은 어린 시절부터 마음 깊이 간직해온, 지구촌 곳곳을 누비는 글로벌 여행업에 대한 간절한 꿈에 한 발짝 더 다가가는 거여서 가슴이 설렜다. 더욱이 열심히 일하는 만큼 나 자신의 능력 발휘를 보여줄 수 있고 그에 따른 보상도 받을 수 있다고 믿었다.

다만 나는 대한공론사에서 여행사로 이직한다면 현 직장의 3배 봉급을 받아야 한다는 전제조건을 달았다. 그도 그럴 게 나의 스펙은 그만큼의 프라이드가 있었다. 출국 가능 여부를 결정짓는 실무교육의 책임자로서의 스펙은 여행사에게 큰 인적 자원이 될 수밖에 없다. 여권 발급까지의 과정과 시스템을 잘 알고 있었다. 단순 매뉴얼로만 진행되지 않는 여권 발급과 관련된 핵심 노하우를 쌓아 왔던 나였다. 여권 발급을 좌우하는 의사 결정권자들을 여럿 알던 큰손이었다. 나를 스카우트하는 일은 여행사 쪽에서 투자한 것보다 서너 배 이상의 이득을 챙길 수 있는 기회였다. 나는 이러한 사실, 나의 인력자원으로서의 진가를 잘 알고 있었다. 그리고 당시 월급 18만 원, 대한공론사에서 받는 월급의 3배가 넘는 조건을 제시하는 여행사는 여럿 있었다.

나는 그 중 한 여행사로 옮긴 후 여권 발급 업무를 맡아서 5년 동안 여권 업무에 통달해 자타공인의 '여권 박사'로 자리매김했다. 그렇게 여행 업계에 입문해서는 예전과는 더욱 다른 차원의, 새로운 사람들과 인맥을 쌓을 수 있었던 소중한 기회를 만끽할 수 있었다.

　당시 여권 발급 규정은 아주 애매했다. 여권을 발급해 주는 실무자가 어떻게 판단하냐에 따라서, 충분히 가능하다고 여겨진 사람이 반려되고 반려될지도 모른다고 여긴 사람은 승인되기도 했다. 어쩌면 해외에 도저히 나갈 수 없는 사람이라도 여권 발급자가 사인만 해준다면 해외에 나갈 수 있었다.

　여권 의뢰자 중엔 여권이 나오느냐 안 나오느냐에 따라서 자기네 인생이 바뀌는 이들도 많았다. 거래처 중 한 대기업의 모 CEO는 당시 여권을 어렵사리 발급받고 나가서 큰 프로젝트를 성사시키면서 천문학적 매출을 올리기도 했다. 한 번 나라 밖으로 나감으로 인해 엄청난 부를 모을 수 있던 일확천금의 기회가 여권 발급으로부터 시작하다 보니, 어느 여행사가 여권을 가장 잘 발급받느냐에 따라서 그 회사 매출이 좌지우지되었다. 동시에 의뢰자들에게 여권을 시의적절하게 발급해 준 사람은 그들의 은인이 되었다. 그래서 당시에는 여권 발급 과정에서 팁이라고 부르는 부수입도 무척 많았다. 공식적으로 여권 수수료만 1970~80년대 물가 수준으로 봐도 꽤 비싼 5만 원씩 받았던 시절이다. 여권 발급

의뢰자의 역량과 힘만으로는 여권을 받을 수가 없으므로 힘 있는 여행사를 통해서만 가능했고, 나는 여행사에서 여권 발급 과장을 맡은 다음부터 발군의 실력을 발휘했다.

당시 종로구 수송동에는 외교부 산하의 여권과가 있었다. 여권을 만들기 위해서는 그곳 창구로 가서 접수해야 한다. 어떤 관계기관의 문화 단체로부터 온 초청장을 가져온다든가, 기본적인 서류를 가져오면 여권과가 접수를 한 다음 심사를 위해 관계 부처로 요청자의 신원 정보와 서류를 보낸다. 그러면 여권 의뢰자는 신원 조회부터 교육 필증 등을 제출한 이후 최소 한 달을 기다려야 했다.

상용 여권은 상공부, 문화 여권은 문공부, 이런 식으로 관계 부처에서 적합 부적합이 결정 난 다음에 여권이 발급되었다. 그 과정이 복잡하고 심사가 엄격하다 보니 까다롭기 이를 데 없어서 뒷돈을 주고 여권을 발급받던 경우가 넘쳐날 때였다.

하지만 나는 로비를 위한 뒷돈을 가져다주는 일 하나 없이 정상적인 방법, 즉 인간관계로 그 복잡다단한 제반 업무를 성사시키고자 최선을 다했다.

나는 본래 외향적이고 사람을 만나는 것에는 타고난 기질이 있다. 그 기질 덕분에 여행사에서의 새로운 업무는 무척 즐거웠고 내 능력 발휘를 충분히 할 수 있었다.

으라차차 K관광인

제 12장

여행업에 대한 천직
의식으로 발군의 노력

순간을 사랑하라. 그러면 그 순간의 에너지가
모든 경계를 넘어 퍼져나갈 것이다.
- 코리타 켄트

"베푸는 사람이 매우 풍요로운 인맥을 쌓아 이를 평소 잘 활용할 수 있다. 자신의 인맥 내 사람들과의 특유의 상호교류 방식에 힘입어 반대급부를 요구하며 거래하기보다 가치 증진에 무게 중심을 두는 방식으로 모든 관계 고객들에게 두루 그 혜택이 돌아갈 만한 파이를 키우는 게 좋다."

미국 와튼스쿨 애덤 그랜트(Adam Grant) 교수가 그의 저서 [기브 앤 테이크(Give and Take)]에서 '호혜성'과 관련해 한 말이다.

[인생을 바꾸는 관계의 힘(마리사 킹 지음, 정미나 옮김, 비즈니스북스 펴냄)]에서 이 책의 저자는 다음과 같이 말한다.

"단기적으로 보더라도 베풀기는 도덕적으로 긍정적 감정을 일으키기 때문에 인맥 쌓기에 대한 저항심을 극복하기에 효과적인 방법이 될 수 있다. 베풀고 나면 마음이 훈훈해지는 희열감이나 타인을 돕고 난 다음에 느끼는 '헬퍼스 하이(helper's high)'가 일어난다. 이처럼 베풀기는 인맥 맺기를 꺼림칙하게 느끼는 부정적 감정을 막아줄 수 있다."

내가 여행업계에 입문한 이후 지금까지 일관되게 실천한 마음속 원칙은 '베품'과 '배려'였다.

서울에 친구가 없던 나는 업무상 자주 드나드는 외무부의 창구에서 근무하는 내 또래의 사람들을 친구로 사귀었다. 그들과 순수하게 친구로 지내고 싶어서 시간이 나면 함께 저녁을 먹기도 하고, 함께 놀러 가기도 했다. 그런 친분 덕분에 내 담당 업무를 좀 더 수월하게 할 수 있었다. 당시는 행정 업무 진행·처리 절차가 오늘날만큼 원칙적이지 않아 법이 허용되는 범위 안에서 인맥에 의해 좀 더 빠르게 일을 할 수 있었다.

그렇게 자타공인 여권 박사가 될 수 있던 바탕은 그렇게 순수한 목적으로 만난 여권과의 또래 친구들을 만나면서였다. 이들과, 그리고 이들의 친구들과 함께 칼국수·막걸리 등 서민적 음식을 먹으며 놀았던 기억이 눈에 선하다. 많은 이들을 사귀었지만 그럼에도 가장 기억에 남는 인물은 순수한 마음으로 의기투합한 김병희와 김현숙 등 두 명이다. 이들과는 40년 지기 사회 친구로 긴밀하게 연락하며 우정을 쌓아 오고 있다. 여권과의 또래 두 명과 이렇게 막역한 사이로 남을 수 있었던 비결은 그저 솔직한 친구로서 어울렸다는 점이지 않을까 싶다. 그저 진실된 마음으로 인간 대 인간의 상호 신뢰 및 우정관계를 맺을 수 있었던 것 같기도 하다.

그리고 여권 발급을 요청하는 손님들과도 업무 처리 과정에서 굳건한 신뢰를 얻다 보니 이들은 지금도 큰 거래처로 계속해서 관계를 맺고 있다. 나는 이렇게 비즈니스와 우정을 넘나들면서 이쪽 업계의 저변을 넓혀 나갔다.

나는 여권과의 여권과장부터 기재 실장, 여권과 여직원들 모두와 친구를 맺어 여권을 비교적 수월하게 발급해 낼 수 있던 사람이었다. 따라서 나의 업무 실적은 점점 올라갔고, 그것이 여행업계에 소문이 나게 되었다.

그렇게 되자 임원으로 승진되었다. 만나는 한 사람 한 사람에게 공을 들인 덕분이 아닌가 하는 생각이 든다.

누가 뭐래도 진심으로 사람을 대하면 통한다는 말이 맞는 것 같다. 영업직이라는 게 남성에게도 쉽지 않은 분야인데, 체력적으로나 사회적인 인식으로나 여성으로서 영업직을 한다는 것은 그다지 쉬운 일이 아니었다. 그런 어려운 직업을 나의 본업으로 삼으면서 매진해온 데에는 어려움을 어려움으로 여기지 않았던 활달하고 외향적인 성격이 많은 도움이 된 것 같다. 나는 가끔 이런 생각을 하곤 한다.

'어느 한 분야에서 수십 년간 오직 한 우물만 파기 위해서는 타고난 기질이 있어야 하고, 다음으로 그 일을 천직의식으로 즐기면서 날로 더 유능한 전문가가 되기 위해 발군의 노력을 경주해야 한다.'

나는 정말 우직하게, 그야말로 소같이 일을 했다. 나의 모든 생활, 시간, 관심사는 온통 일하는 데에만 쏟아졌다. 그만큼 기본적으로 일을 즐기는 것도 있었고, 내가 맡은 일은 잘하고 싶은 간절함이 있었다. 일을 하다 보면 퇴근 시간에 제대로 일이 끝나지 않을 때도 부지기수였다. 고객이 나를 찾는 시간이 언제나 일정한 것도 아니고, 그들이 필요한 시간에 나를 찾는 것이기에 새벽 일찍 사무실에 나와 일을 할 때도 있고, 밤을 새우면서 일을 해야 할 때도 있었다. 그리고 한 번 나를 찾은 고객은 계속 나를 찾다 보니 하루 종일을 뛰어 다녀도 모자랄 정도로 바쁘고 피곤하게 일해야 했다.

그렇게 고객으로부터 의뢰를 많이 받았다는 것은 그만큼 실력을 인정받는다는 것이고, 나 역시 그만큼 기쁘게 일을 할 수 있어서 힘든 줄 모르고 보람차게 매 순간 성심성의껏 일했다. 나를 찾는 사람을 내 가족이나 친한 친구처럼 생각하여 그들의 요구에 필요한 일이면 어떤 일이든 했다. 진심으로 따뜻하게 그들을 대했던 것이 단골고객의 끝없는 창출이 선순환하는 결과를 낳았던 것이라고 생각한다. 그렇게 일을 하다 보니 자연히 능력은 향상되었다. 아마도 요즘 대기업에서 많이들 이야기하고 있는 고객 감동 전략이라는 것을 그즈음 미리부터 해왔던 것은 아닌지 싶다.

그리고 일을 하는 동안에도 나는 언제나 검소한 옷차림을 즐겨 입었다. 보통 직장에 다니는 여성들은 어느 정도 멋을 내는 일이 보통이고 더구나 나와 같이 일정 수준의 사회적 위치에 있는 유명한 사람들을 만나는 경우, 복장에 신경을 쓰는 것은 어쩌면 당연한 일인지도 모른다.

나는 조금 가지고 있는 것마저 고마워하고 더 가지고 싶으면 조금씩 노력해 나가면서 보완해 나가야 한다고 생각한다. 그런 생각 끝에 선택한 것이 외모에 신경 쓰는 노력을 일에 더 기울이기로 한 것이다. 그래서 나는 늘 바지에 티셔츠, 그리고 운동화 차림이었고, 머리 모양도 늘 컷트머리였다. 그런데 나를 찾는 고객들은 그런 내 검소하고 꾸미지 않은 모습을 오히려 좋게 보아주고 신뢰해 주었다. 하지만 그건 내 외모에 대한 신뢰가 아니라 외모에 신경 쓰지 않는 대신 그만큼 성실하게 일한 내 행동에 신뢰를 보낸 것이라 생각한다.

그렇게 일하다 보니 남자들을 제치고 임원이라는 직책에 오를 수 있게 되었다. 어떻게 보면 남자들이 임원으로 승진한다는 것은 시간이 지나 경력이 생기면 자연히 따르게 되는 것일지도 모르지만 여자가 임원으로 승진한다는 것은 당시만 해도 매우 이례적인 일이었다. 대개 그럴 경우 함께 일하는 동료 여사원들의 질투가 있을 수 있는데 나 같은 경우, 모든 이들과 소탈하고 친하게 지내왔기 때문인지 그런 시기·질투의 대상으로 찍히는 그러한 어려움은 없었다.

이러한 나의 마당발 인맥을 기반으로 한 여행 비즈니스의 성공 사례는 KBS·MBC 등 공중파 TV방송은 물론 조선일보·중앙일보·일간스포츠 등의 유력 일간지에도 상세하게 소개되어 영업활동에 적지 않은 도움을 받았다.

으라차차 K관광인

제 13장

70년대 출국 수속 난제 해결사 되다

친절한 행동은 아무리 작은 것이라도 절대 헛되지 않다.
- 이솝

여행사 업무는 세일즈 업무가 가장 중요한 핵심 업무다. 이 직무를 수행하면서 아무리 개인의 능력이 뛰어나더라도 인맥이 없다면 소기의 성과를 거두기란 어렵다. 때문에 예나 지금이나 여행사 직원들은 보통 출신 학교 선후배를 찾아가서 영업활동을 전개하기 일쑤였다. 그런 인맥이란 내게 거의 없어서 그런 전통적 스타일의 영업활동을 전개해 나가기가 여의치 않았다. 대학을 가지 않았기 때문에 상경 후에 회사에서 만든 인맥 외에는 아는 사람이 없었다. 경기도 시골 출신, 학연도 지연도 없는 내가 VIP들의 여권 발급 요청 쇄도를 받게 된 것에는 하나의 에피소드가 있다. 나는 이미 맺어둔 인맥이 없었기 때문에 여행사 일을 하면서 새로운 인맥을 구축하는 데 몰두했고, 꿈도 크게 잡았다. 연예인들을 망라하는 방송국과 거래를 하고 싶다는 마음을 먹은 거다. 연예인만큼 해외를 자주 나가는 직분이 또 없으므로 KBS 같은 공영방송국과의 거래를 하나 트기만 한다면 그때부터 실적은 자동으로 올라가기 때문이다.

1980년대 초반, 나는 그저 여행사에서 맡은 일에 최선을 다하는 사람이었다. 최선을 다할 수 있던 이유는 그저 내가 고객을 만나서 그분들이 원하는 사안을 기쁜 마음으로 즐기는 성정이었기 때문이다. 당시에도 여권 발급은 아주 힘들 때라, 관계자가 도와주지 않는 이상 혼자 힘으로 여권 발급을 해내기가 어려워 뒷돈도 오갈 때였다. 그렇지만 나는 어떤 서비스든 추가적인 돈을 받지 않고 그냥 해줬다. 그저 내 능력이 닿는 만큼 사람들을 도와주는 일이 뿌듯하고 좋았기에 시간이 남으면 항상 누군가의 서류 처리를 도와주는 일이 몸에 배어 있었다.

그렇게 일상적으로 여권 발급을 도와주던 중 연예인 매니저 한 명을 도와주게 되었다. 내가 만났을 그 당시에는 아니었지만 이후에 연예계의 대모로 일컬어지던 이명순 씨였다.

그녀는 당시 도쿄 가요제 출전과 관련해 제반 업무 추진 건으로 여권과에서 만났다. 당시 떠오르는 신인 가수였던 박경희, 정미조, 민해경, 작곡가 정민섭, 의상 담당인 앙드레 김까지 많은 사람이 도쿄로 출국하기 위한 여권 발급과 항공권 발권이 제때 이뤄져야 하는 상황이었다. 그런 상황에 이들의 프로모터(매니저) 이명순 씨가 여권 발급 서류 접수에 쩔쩔매고 있었다. 그렇게 난관에 봉착한 그 가수 그룹 출국 핸들링과 관련해 나는 특별한 수고비를 받지 않고 그저 도와주었다.

돌이켜 보건대 당시에 도쿄가요제 출전 건은 국가적으로 굉장히 중요한 일이어서 사명감을 갖고 당연히 해야 하는 일이라고 생각했다. 그렇게 여권이 무사하게 나왔지만, 이들은 또 일본 비자를 받아야 하는 문제가 생겼는데 비자 또한 청탁을 해야 순조롭게 나오던 시기였다. 비자는 내 평소의 익숙한 업무 영역이 아니었기에 직접적으로 도와줄 수는 없으나, 핵심적인 정보를 줄 수는 있었다.

예컨대 앙드레 김이 주한 외국인 대사들의 부인 의상문제를 해결해 주면서 자연스레 대사들과도 친분이 많기에, 앙드레김한테 이 문제를 부탁한다면 안 나올 비자도 나오게 할 수 있다고 봤다. 해외 출국 수속 관련해 돌아가는 시스템의 맥을 짚고 있던 터라 그러한 조언을 건넬 수 있었다.

그후 그들은 결국 도쿄가요제에 무사히 출전했고, 또 상까지 받아오는 쾌거를 이뤘다. 내게는 귀찮은 업무 한 번, 조언 한 번, 좋은 마음으로 서비스를 한 것에 지나지 않았으나 이들에게는 내가 큰 도움을 준 것이 되었다. 원래는 못 가는 도쿄를 가는 데 성공함은 물론 수상까지 해서 왔으니, 이를 위한 난제 해결에 있어서 내가 해결사로 그 역할을 톡톡히 해냈다고 그들은 여겼다. 그렇게 큰 신세를 진 이명순 프로모터는 "자신이 도울 일이 있으면 언제든지 부탁하라. 꼭 신세를 갚고 싶다"라고 했다.

얼마 지나지 않아 이명순 프로모터로부터 내게 확실한 데를 소개해 주겠다는 연락이 왔다. 그녀가 내게 소개해 준 사람은 KBS 고(故) 진필홍 PD였다. KBS 전 예능국장이었던 그는 '쇼 연출의 대부', '전설적 예능 PD' 등 화려한 수식어를 달고 다니던 방송계의 실력자였다. 당시 모든 가수의 방송 출연 여부는 그 분이 가부를 결정한다고 해도 과언이 아니었다. 진필홍 PD의 한 마디면 가수들은 왕의 어명이라 여기고 따랐다. 그러니까 이런 식이다.

"야, 너 여행사 거래하는 데 있어?"

"예? 왜요?"

"너 있잖아, 조태숙 씨라고 여행업무 핸들링의 달인인데 앞으로 이 사람이랑 거래하도록 해."

이런 한 마디만 오가면 그때부터 나는 연예계 고객이 한 명 추가되는 셈이었다.

이명순 프로모터가 내게 예능국을 소개해 준 뒤로 기하급수적으로 연예계 고객을 많이 알게 되고 그 저변을 빠르게 넓혀 나갔다. 조용필이 이끌던 '위대한 탄생' 그룹 행사나, 전두환 씨가 대통령이 된 후 해외동포들의 환심을 사기 위해 추진했던 미국 위문공연 등 큼직한 해외 행사들을 KBS에서 맡게 되면 나는 실과 바늘처럼 그 행사를 핸들링하게 되었다. 큰 행사를 통째로 맡아 해외 출국 전반을 진행하다 보니 여행사에서 내가 영업 이익에 가장 크게 기여하는 직원이 되어 있었다. 어떤 학연과 지연 없이도 가장 큰 인맥을 가진 직원으로 등극했다. 그야말로 여권 발급 및 해외 출국 수속의 여왕으로 불렸다.

이명순 매니저와 진필홍 피디 덕분에 당시 텔레비전에 나오는 유력 10대 가수들은 다 나와 거래했다. 김부자, 김연자 등 개별 가수를 넘어서 기획사 전체 통으로 거래하기도 했다. 진필홍 피디의 영향력도 있었고, 또 내가 여권 발급 수속업무를 잘하니까 그 기획사들이 한결같이 나를 찾아오는 이유도 있었다. 일을 빈틈없이 하고, 또 나와 거래한 이들이 해외에 나가 큰 이득을 보는 사례가 신기하게도 많았으니 나의 실적은 쭉쭉 올라갈 수 밖에 없었다.

1985년도에는 광복 40주년을 맞아 KBS에서 큰 행사를 기획했다. 바로 남산에서 불꽃놀이를 터뜨리는 초대형 메가 이벤트였는데, 당시 우리나라는 관련 기술력이 없다 보니 프랑스 기사들을 대거 불러들여 행사를 진행해야 했다. 이때 김대화 AD가 날 불러서, "이 행사를 조태숙 씨에게 맡길 테니 해봐라"라고 했다.

외국인들이 대거 한국에 들어왔다가 다시 나가는 'PTA(Prepaid Ticket Advice)'라는 항공권 발권 거래를 해야 했다. 이는 웬만한 큰 회사 한 달 실적 정도의 대규모 항공권 발권 물량이었다. PD의 말을 듣고 뛸 듯이 기뻤지만 이내 머리가 지근지근 아파 왔다. 이 엄청난 물량을 수주받고도 내가 속해 있던 여행사에서는 이 건이 외상거래이기에 행사 관련 티케팅 업무를 진행할 수 없다고 했다. 여행사 측에서 선 투자를 해야 하고, 엄청난 금액을 행사 끝난 다음에야 비로소 받을 수 있다는 점에서 리스크가 지대하다고 여겼기 때문이다. 애초에 KBS면 보증수표나 다름없었는데도 말이다. 다만 KBS가 공기업이라 그런 행사 예산은 행사 종료 후에 지급한다는 내부 자금운용 규정이 있었다. 이와 관련해 여행사에서는 너무 예민하게 보수주의적 생각을 견지했다. 나는 어떻게든 이 일을 맡아 성사시키고 싶었다. 고민 끝에 작심하고 여행사 대표를 직접 찾아가 이 일을 하고 싶다고 말하니 "당신 맡은 일이나 잘하면 되지"라고 하는 답만 들어야 했다.

하지만 나는 포기하지 않았다. 그래서 나의 가장 가까운 친구, 부동산 투자의 귀재인 친구 봉희에게 전후 사정을 설명했다. 필요한 자금이 당시 1980년대인데도 몇 천만원 정도가 되고 또 확실히 수익을 올릴 수 있는 기회인데 회사에서는 고집을 꺾지 않아서 다른 여행사에서 낚아채 가져가면 너무나도 아까운 기회를 놓치게 된다는 게 너무 아쉬웠다. 그렇게 전후사정을 설명했더니 놀랍게도 그 친구가 거의 전 재산을 나한테 빌려줬다. 회사에서도 보증을 못 해준 걸 사적인 관계의 친구 봉희가 현금으로 흔쾌히 메꿔주었다.

그후 행사는 성공적으로 진행되었다. 나는 회사의 한 분기 실적을 하루아침에 앉은 자리에서 올리도록 기여했다. 행사 직후 KBS에서 대금 결제가 나오자마자 친구에게 곧바로 갚았다. 특별한 보너스가 내려온 것도 없었지만 내가 하고 싶어서 한 일이니 괜찮았고 뿌듯했다. 큰 거래를 해냈다는 사실, 좋은 친구를 두고 있다는 사실을 확인할 수 있어서 형언할 수 없는 보람을 만끽했다.

하지만 한편으로 10년 차 여행업계 임원으로서 그 여행사에서 크나 큰 한계를 느꼈다. 내가 직원의 자리에 머물러서는 내가 원하는 비즈니스를 영위할 수 없음을 절감했다. 점점 내 고객은 많아지고 다양한 고객들의 요구를 맞춰줘야 했다. 이 사람은 이렇게 서비스를 해주고 싶고, 저 사람은 반값에 해주고 싶기도 하고 등등. 10년간 경험을 쌓아 오다 보니 당장 돈이 없는 사람이라도 이 사람이 잘될 것 같다는 확신이 드는 경우도 있어서 그냥 도와주고도 싶었다. 다양하게 맞춤형 서비스를 제공하고 싶지만 회사에서는 그런 지원이 없어서 한계상황에 갇혀 있다 보니 융통성 있게 여행 서비스를 제공할 수 없었다. 여행사의 일개 직원이라는 직함만으로는 내가 하고자 하는 행동에 여러 제약이 따랐고, 어찌 보면 내가 지닌 직책의 한계이기도 했다. 소중한 고객을 놓칠 위험이 갈수록 높아진다는 생각에 고심하던 차에 여행사 창업을 자연스레 결심하게 되었다.

제 14장

유명 연예인들 해외 출국 손발이 되다

직함이 인간을 높이는 것이 아니라,
인간이 직함을 빛나게 한다.
- 니콜로 마키아벨리

그렇게 여행사 일을 하며 많은 연예인을 만났는데, 세간의 편견과는 다르게 내가 만난 유명인들은 대부분이 인간적으로 순수하고 좋은 사람이었다. 유명인들과의 인연은 내게 주어진 한 번뿐인 소중한 삶을 어떻게 살아야 하는지에 대해 성찰하도록 나를 이끌었다.

특히 지금까지 거래를 이어오고 있는 유명 연예계 고객들 가운데 태진아 씨가 있다. 내가 처음 태진아 씨를 만났을 때는 80년대 초, 당시 그가 여차여차해 일정 기간 미국으로 도미해 지내다가 막 귀국한 그 무렵이었다.

처음에 태진아 씨가 내게 여권 서류를 들고 왔는데, 서류를 깔끔하게 준비해 가져온 것이 무척 인상 깊었다. 당시 내가 여행업무를 하며 만난 태진아 씨는 아주 일머리가 뛰어난 사람인데다가 무엇보다 그는 인간성이 좋았다. 여러 번 볼수록 성실하고 의리 있는 사람이라는 강한 인식이 들 정도였다.

그는 한 번도 상거래상 신의를 저버린 적이 없었다. 비즈니스상으로는 거래지만, 사람과 사람 사이 신뢰 관계를 저버린 적이 없다는 말과 같다. 그는 매사 성실하고 약속도 잘 지키는 사람이었다.

PD들이 말하기를, 태진아 씨는 항상 약속 한 시간 전에 와 있는 것으로 정평이 나 있었다. 한 프로그램에서 비록 자신이 아무리 조그만 역할로 나오게 되더라도, 엑스트라에 지나지 않는 분량일지라도 무조건 촬

영 시작 한 시간 전에 와서 대기했다고 한다. 요즘 그가 이태원에서 부대사업으로 운영하는 '케이카페'에도 거의 매일 나와 자리를 지키는 것을 보면 그때나 지금이나 그의 성실함은 그의 전매특허라는 생각이 든다.

그리고 나 또한 그에 못지않은 성실함을 가졌다고 자부할 수 있었다. 내게는 어느 정도의 실력은 물론 항상 성실하고 믿고 맡길만한 사람이라는 트레이드마크와도 같은 자긍심이 있었다. 어떤 약속이든지 약속 시간만은 꼭 지키고. 한 번도 약속을 어긴 적이 없으니 어떤 일이 있어도 믿을 수 있는 성실함이 나의 강점이었다.

같은 강점을 가진 태진아 씨도 아마 나의 이러한 면을 좋게 보았을 것으로 유추해본다. 이렇게 서로가 통하는 게 있어 지금까지 인연이 이어질 수 있었던 것 아닐까 싶다. 성실함과 초지일관의 신뢰 관계성 유지는 좋은 인연을 지속하게 해준다. '한 번 인연은 영원한 인연이다'라는 말은 태진아 씨를 통해 체득할 수 있었다. 그는 이후로 언제든지 앨범을 내면 사인을 해서 자주 내게 선물했다.

진필홍 PD는 당시 톱 가수였던 조용필 씨도 내게 소개해 주었다. 조용필 씨는 여권 나오는 데에는 큰 관심이 없었겠지만 나는 그의 매니저와 거래하며 연예계 고객의 기반을 더 다질 수 있었다. 또 그 과정에서 조용필 씨와 오며 가며 아는 사이로 지냈다.

조용필 씨가 1987년 10월 21일에 치른 내 결혼식에 기념 선물로 준 친필 사인 음반을 아직도 갖고 있다. [사랑과 인생과 나!]라는 타이틀의 조용필의 정규 9집 LP판 음반으로 그 시절을 떠오르게 한다. '1987년, 조태숙씨께'라는 친필 사인을 정성스레 곁들여 더욱 각별한 선물이 되었다. 이외에도 조용필 씨는 자신이 음반을 낼 때마다 대부분 나에게도 선물했다. 한국을 대표하는 가수로서 시간이 갈수록 그가 선물한 음반의 소장 가치는 무궁해질 듯하다.

얼마 전에 조용필 씨가 강남 올림픽 주경기장에서 전석 매진인 콘서트를 열었다. 그 콘서트와 관련한 신문 기사에서도 조용필 씨 노래 실력이 4~50대 못지않은 가창력과 음색이라고 극찬 일색이었다. 그와의 오랜 인연을 간직한 나로서는 그런 모습이 참 보기가 좋다. 그의 변함없는 인성과 열정은 여전히 모든 사람의 가슴을 뛰게 만드는 듯하다.

제 15장

'소울메이트'와 영풍호 닻을 올리다

누군가를 신뢰할 수 있는지 알아내는 가장 좋은 방법은
그들을 신뢰하는 것이다.
- 어니스트 헤밍웨이

얼마 전에 개봉한 영화 '소울메이트'를 재밌게 봤다. 이 영화는 1998년 처음 만난 두 소녀의 사랑과 우정 그리고 인생에 관한 이야기로 천혜의 관광지 제주도를 배경으로 펼쳐져 더욱 인상 깊었다. 이 영화의 타이틀은 "가장 빛나던 그때, 우리는 함께였다"이었다.

"축하합니다. 진작 그럴 줄 알았습니다."

창업 후 예전에 근무하던 여행사에서 연을 맺었던 연예인들에게 줄곧 들은 인사말이다. 나는 1992년에 영풍항공여행사를 차렸다. 1978년, 여행사 영업 업무 밑바닥에서부터 여러 경험을 거치며 13년 동안 다진 노하우를 토대로 창업했다. 내가 여행사를 차렸다고 하니 다들 사전에 약속이나 한 듯 그럴 줄 알았단다. 언젠가는 저렇게 끝날 사람이 아니라고 생각했단다. 독립해서 뭔가 일을 낼 줄 알았다고 했다.

여행사 직원으로 10년 넘게 일해오다가 내 회사를 오픈하기로 결심한 데엔 여러 이유가 있다.

가장 큰 이유로는 앞서 이야기했듯 여행업 직원으로서 대고객 서비스를 극대화하는 데 있어서 부딪힌 한계였다. 국내 여행업계 최초의, 그리고 가장 으뜸가는 세일즈 우먼으로 발돋움하면서 단골고객은 점점 늘어나만 갔다. 그러다 보니 직원의 위상에서는 그 많은 고객을 능동적으로 관리하는 게 어려워졌다. 즉 고객에 대한 응대를 자유자재로 처리하는 데 있어서 애로사항이 컸다.

예를 들면 '저분은 나한테 굉장히 많은 도움을 영업적으로 주셨는데, 무언가 혜택을 드리고 싶다.', '저분은 우리 회사가 목표한 이익을 2~3배, 혹은 10배를 달성하게 해주었는데, 저분의 가족에게 무료 여행을 한 번 보내드리고 싶다'.

이처럼 영업활동은 사람과 사람 사이 관계에서 이뤄지고 전개되는 일이다. 고객과 영업직원 간에는 인적이고 정서적인 요소들이 많이 작용하며, 여기서 단순히 각자의 이익만 생각해서는 지속 가능한 영업활동을 펼쳐 나가기가 어렵다. 그래서 도움을 받은 만큼 고객에게 보답하고 싶은 경우가 많았다. 하지만 내가 몸담고 있는 여행사에 엄청난 기여를 한 단골고객이라 할지언정 직원으로서는 대고객 서비스 전개의 재량에 한계가 있었다. 은혜를 갚고 싶어도 회사에서 허용하지 않았다. 이익 기여도가 큰 고객에게 은혜를 갚아드리고 싶어도 그러한 시도를 할 수 없었다.

영풍항공여행호의 닻을 올리게 된 다른 이유는 최미선이라는 빼어난 재원과의 떼려야 뗄 수 없는 숙명적 인연 때문이었다. 그녀는 일 처리 능력이 뛰어나 내가 창업 전에 일하던 여행사에 스카우트해 함께 찰떡 여행 비즈니스를 전개해 왔다. 영업적으로 나의 부족한 점을 완벽하게 보완해 주어서, 우리 둘은 여행업 영업에 있어 환상의 콤비를 이룰 수 있었다. 우리 둘이 맡는 여행 업무량이 폭발적으로 많아지다 보니, 우리

둘의 여행사를 오픈해도 전혀 문제가 없을 거라고 확신한 거다.

최미선은 본래 외국 항공사 한국지사 직원이었다. 브리티시 칼레도니안이라는, 최초로 비즈니스 클래스를 도입한 유명 외국계 항공사 직원이었다. 그녀는 거기서 경리 일을 하고 있었다. 나는 당시 파나여행사에 근무하던 중이었는데, 일이 너무 많아서 내가 그녀를 스카우트했다.

큰언니의 딸인 그녀의 어린 시절에 그 집에 머물던 내가 업어주고 같이 놀았다. 그래서 어려서부터 최미선은 나를 잘 알고 이모로 잘 따랐다. 그래서인지 내가 최미선에게 같이 일하자고 제안했을 때 그녀는 고맙게도 흔쾌히 승낙해주었다. 그래서 나를 믿고 모험적으로 온 그녀였다. 파나 여행사로 이직하기 위해서는 영업 실적 및 합당한 경력이 있어야 했으나, '내가 어떤 식으로든지 저 사람 실적을 커버할 테니 저 사람을 써달라'라고 회장과 담판을 지어 회사의 승인을 받아냈다. 그랬는데 그녀는 회사뿐만 아니라 나의 기대를 100배 가까이 높여서 일을 해냈다.

최미선은 머리가 좋고 실력도 뛰어나 영업에 있어 대부분의 방면에서 뛰어난 잠재력과 능력을 보여주었다. 아름다운 외모와 넘치는 생기를 보여주는 그녀였다. 많은 방면에서 탁월했지만 가장 빼어났던 것은 사교성. 강한 기획력과 추진력을 바탕으로 한 A급 사교술은 그녀를 따라갈 자가 없었다. 게다가 영어를 한국말보다 잘했다. 이전에 외국계 회사에서 근무했던 경험도 있다 보니, 어떤 외국계 회사가 있는지 어떤 특성을 갖고 있는지에 대해서도 꿰뚫고 있어 거래의 저변이 넓고 깊었다. 게다가 사교성이 뛰어나다 보니 항공사와의 업무 관계도 잘하고, 거래처와 릴레이션도 잘했다. 영업 파트너로 환상의 콤비를 이룬 우리는 그렇게 우리가 몸담던 여행사 전체 실적의 절반 가까이 실적을 냈고, 결국에 창업을 적극적으로 검토할 수밖에 없었다.

내게 부족한 면을 그녀가 많이 커버해줘 어쩌면 실과 바늘과 같은 콤비였던 우리는 함께함으로써 두 배 이상의 시너지를 낼 수 있었고, 이는 창업에 대한 확신으로 이어졌다. 그녀가 내 곁에 없었다면 영풍항공여행사를 창업할 엄두를 내지 못했을 거다. 요컨대 영풍항공여행사 창업의 일등공신이자 최고의 자산이었다.

영풍항공여행사를 창업하고 나서도 최미선 씨가 있는 동안 영풍은 탄탄대로의 길을 걸었다. 영풍의 대표는 나였지만, 그녀의 역할은 실로 한 50% 이상이었던 것이다. 여행사를 차리고 운영하는 데는 역시 인적인 관계가 어느 정도 탄탄한지가 중요하다. 항공사 관계, 거래처 관계, 직원 관계라는 세 요소가 운영의 핵심이 되며 그 균형을 잘 맞추어야 하는데, 최미선은 이러한 모든 주요 요소를 구성하는 데 있어 필수불가결의 파트너였다. 고객 응대뿐만이 아니라 직원 관리에 있어서도 탁월했다.

더 많은 연예인과 거래를 할 수 있었던 것도 최미선 덕이 컸다. 연예·

방송계 주요 거래처는 mbc나 kbs와 같은 방송 예능국이나 연예인 기획사 등이었다. 여성적이고 사교적이었던 그녀이다 보니 거래처들로부터 스캔들이 날 만한 유혹도 있었지만 슬기롭게 잘 극복했다. 깔끔하고 똑똑한 대처능력 덕분에 애매한 일처리로 트집 잡히는 일 없이 거래처와 좋은 관계를 이어갈 수 있었다.

　실력도 매너도 좋은 그녀는 이후 여행·관광경영 분야 교수가 되었고 지금은 은퇴해 여가생활을 멋지게 즐기는 인생을 살아가고 있다. 경복대학교 관광과 교수 일을 하며 학과장까지 맡고 있었던 그녀였기에, 대학교 총장 자리 제의를 받기도 했다.

　다만 자신은 이제 사회생활 그만하겠다고, 남들 다 말리는 데도 조기 은퇴를 멋지게 했다. 주변 인물 중 박수칠 때 떠나라는 말을 몸소 실천한 사람은 그녀가 모델 케이스가 아닐까 싶다. 영풍을 가장 잘 알고 또 사랑할 줄 아는 그녀가 영풍의 CEO를 맡아주길 내심 생각했고 열망했을 정도로, 사회생활 하며 그런 동료를 만날 수 있었다는 것만으로 행운이었다. 그리고 어렸을 때부터 보았던 그녀가 자기의 인생을 멋지게 경영해 나가는 걸 보는 것은 이모로서도 아주 좋은 일이었다. 그리고 그건 단지 큰언니 딸이라는 혈연 차원의 자랑스러움이 아니라, 같은 여행 비즈니스의 소울메이트 동료로서, 같은 여성 사회인으로서의 자부심이기도 했다.

그녀의 남편은 외국계 반도체 회사의 매니저였는데, 그녀를 만난 뒤 반도체 분야 사업에서 크게 성공했다. 이를 보면 최미선이라는 사람이 가진, 긍정적인 에너지가 얼마나 큰지 알 수 있다.

부사장 박수영 씨 또한 영풍항공여행사의 운영에 크나큰 기여를 해주었다. 박수영 씨는 원래 일본항공사(JAL) 한국지사의 실세로서 이름을 떨칠 정도로 뛰어났다. 일본계 기업에서는 과장이면 거의 전권을 가진 실무 책임자라고 보면 된다.

우리는 1980년도 초, 내가 파나여행사 재직 시 처음 만났다. 그녀는 서울대 음대 출신에, 굉장히 도시 성향적인 사람으로서 영어도 일어도 두루 잘하는 각종 방면의 재원이었다. 그녀는 내가 여행사에 있을 때도 많은 도움을 줬으며, 나 또한 그런 박수영 씨에게 고마움을 느끼며 늘상 신뢰했다. 그런 친분으로 박수영 씨와 함께 같이 IFWTO라는 세계여성관광인연맹, 국제 여성 관광인 클럽에서 활동하기도 했다. 그러면서 사이가 더욱 돈독해졌다.

그녀는 일본항공을 명예롭게 퇴직한 후 케이시티라는 일본 전문 여행사 사장을 하다가 현재 트립 토파스 강길성 대표와 함께 영풍항공에 합류했다. 그래서 그녀는 부사장으로서, 항공사 관계나 영업 분야를 관리하며 오늘날까지 숨은 공로자로 나의 여행사 경영의 큰 조력자로 남아 있다. 그러한 인연도 40년이 넘었으니 그 돈독함은 이루 말할 수 없다.

최미선 씨와 박수영 씨처럼 업계에서 나와 몇십 년을 함께한 사람들을 보면, 신기하게도 서로가 다른 취향과 다른 자질을 가지고 있다는 사실을 알 수 있다. 그들은 대개 내게 부족한 측면을 많이 가지고 있는 사람들이다. 아주 섬세하고, 정확한 업무 처리 능력이 있고, 사교적인 성격 면에서 군계일학과도 같다.

나 또한 사교적인 측면에서는 결코 남에게 뒤지지 않는다고 자부하지만, 나는 좀 가리지 않고 사교적인 성향의 스타일이라 앞뒤 계산하지 않고 일단 도전해 보는 'Just do it'과 같은 도전을 즐기는 영혼에 가깝다.

반면 두 사람은 굉장히 기획적이고 치밀하다는 점에서 차이가 있고, 그러다 보니 성격도 많이 차이가 나는 인물들이다. 지금 미국에서 사는 부동산 귀재인 봉희 친구와도 성격이 극과 극이어서 통했는데, 최미선 씨나 박수영 씨도 그런 차원에서 서로 좋은 조화를 이루었다고 본다.

또 한편으로는 양극단이기도 하지만, 극과 극이 갈리는 가운데 그 중간에서 합일점을 도모할 수 있어서 합력해 선을 이뤘다. 단순히 외적으로 드러나는 스타일이나 캐릭터가 다를 뿐이지, 결국은 공통적인 밑바탕은 같다는 사실을 수십 년 동안 함께해오며 절감하곤 했다. 그 밑바탕이란 인간의 기본적인 자질인데, 내 생각에는 우리 모두가 신뢰라는 가치를 중요시했다는 데서 공통분모를 가진다고 본다. 그러니 이 좋은 인간관계의 핵심은 상호 신뢰라고 말할 수 있다. 이는 모든 세상만사의 기초인 듯하다. 사람과 사람 사이의 신뢰라는 기초는 같지만 형태만 다르게 발현되기 마련이라는 게 내 생각이다. 그렇기에 일맥상통하여 어울리고 친구가 되고, 여전히 좋은 관계를 유지한다. 끼리끼리 어울린다는 말도 맞고, 양극단의 사람들이 역사를 창조하는 것도 맞지 않나 싶다.

제 16장

여행사 CEO로서 겪는 고뇌

가장 큰 위험은 위험이 없는 삶이다.
- 스티븐 코비

창업 전 몇몇 여행사에서 일할 때 나와 만난 고정고객들이 많아 사업을 시작하는 데에는 별 어려움이 없었다. 사원이 많지 않아서 가족적이고 서로 신뢰하는 분위기가 자연스레 형성됐다. 이런 분위기는 '영원히 풍성하게 성장하는 여행사'라는 사훈과도 매우 어울렸다. 고정고객과 오랫동안 거래한다는 게 영풍의 특장점이었다. 대개 30년 이상 거래한 고객이 전체의 80% 정도를 차지했다. 대체로 한 번 거래를 한 거래처나 고객들은 다른 곳으로 옮기지 않고 단골로 남았다. 주로 테마 여행, 취미별 여행, 출장 여행과 같은 개성적이고 개인적인 욕구에 맞는 상품을 선보이고자 했다. 다만 외형적으로 크게 성장하는 것은 원하지 않았다. 그래서 광고도 하지 않고 충실히 내실을 다져나가면서 고객 관리에 만전을 기하면서 조금씩 조금씩 성장해 나가기를 원했다. 무리하면 항상 문제가 생기기 마련이다. 그리고 남자 사원과 여자 사원의 차별을 두지 않았다. 여자 사원들도 남자 사원과 똑같이 일을 하기 때문이다. 그리고 결혼 후에도 계속 일을 할 수 있도록 하며 지속적이고도 장기적인 자기 투자 계발을 권장했다.

실제로 일을 하면서도 어렵다는 생각은 많이 하지 않았다. 어떤 일이든 하고자 하는 의지가 있고 그 방법을 찾으면 그것을 그대로 실행하면 된다고 생각했고 그 방식대로 일해 왔다. 그리고 항상 나와 함께 일하는 회사의 직원들을 신뢰하고 일하는데, 직원들도 모두 자기 일처럼 열심히 일했다.

오늘날에는 유희정 실장과 그밖의 직원들이 나를 대신해 영풍항공 여행업무 전반을 자기일처럼 잘 처리해주고 있어서 늘 고마운 마음이 크다.

그렇다고 여행사 오픈 이후 경영이 마냥 탄탄대로였던 것은 아니다. 크고 작은 문제들, 예상하지 못한 문제들이 닥치기도 했다. 직원으로 일하는 것과 한 회사의 대표로 일하는 것은 당연히 비교할 수 없을 정도의 차이가 있었다.

영업직원은 영업만 하면 된다. 하지만 회사 운영은 영업만 한다고, 이익만 많이 낸다고 굴러가지 않는다. 영업도 잘하는 것은 물론 고객 관리, 경영 관리도 신경써야 하며, 직원들 간 융화도 잘 이루어야 한다. 요컨대 각각의 구성원이 각자의 개성과 장점을 살려 오케스트라와 같이 잘 조율하고 균형을 맞추어 나가야 한다. 그런 부분에 있어서 일어나는 문제들이 적지 않았다.

일단 자금력의 문제가 있었다. 여행사 직원으로 일할 때는 잘하든 잘못하든 매달 꼬박꼬박 월급이 나오고 당장 내게 주어진 거래에만 신경 쓰면 되었다. 회사의 재정에 대해서는 신경쓰지 않아도 무방했다.

사장이 되다 보니 경제적인 차원도 거시적으로나 미시적으로나 꼼꼼히 챙겨야 했다. 항상 신용을 유지하기 위해 자금력을 확보해 놔야 됐다. 당시에는 외상거래가 많았다. 행사를 진행해도 바로바로 돈을 받지 못했다. 큰 행사를 마무리해도 바로 돈을 받을 수 있는 게 아니니, 항상 회사를 굴릴 자금을 넉넉하게 마련해 두어야 했다. 그러니 결제 기일에는 대출을 받고, 살면서 저금했던 돈도 싹 다 투입해야만 했다. 창업 당시에는 그런 부분에서 중간중간 어려움이 있었지만, 캐시플로우(cash flow_자금 흐름)가 원활하게 돌 수 있도록 하는 요령과 지혜를 점차 터득해 갔다. 부동산에 투자해 놨던 것도 도움이 되었는데, 회사 일과는 상관없이 부동산은 부동산대로 그 가치가 급속도로 상승해 재산 증식에 기여한 측면이 꽤 있었다. 자체 사무실을 두고 있다 보니 여러 유여곡절의 위기 한가운데서도 임대료를 내지 않아 안정적인 여행사 경영을 영위할 수 있었다.

또 거래처와의 일에 있어 손해가 나면 사장으로서의 책임이 컸다. 이익이 난 부분에 대해서는 회사 내에서 좋게, 또 쉽게 이야기가 이루어졌다. 수익이 많이 날 때는 인센티브 제도를 도입하든지, 그 시점에 맞는 방식을 적용해 특정 공식에 의해서 수익 배분을 하면 되었다. 하지만 손해가 났을 때 책임을 져야 하는 건 온전히 오너 경영자의 몫이다. 그리고 회사의 책임은 곧 사장의 책임과도 같았기에 힘들 때도 있었다. 여행사를 오픈하기 전에 미처 그 힘듦을 생각하지 않은 것은 아니었지만, 현실의 벽은 생각보다 더 두껍고 높았다. 여행업은 아무리 장기적으로 전망 좋은 비즈니스 분야라 해도 갑작스러운 급변 사태에 직면하게 될 가능성이 있어 그러한 위기상황에 늘 대비해야 했다. 예상하지 못한 위기는 늘 찾아오고, 절박하고 절실한 문제도 많았다. 이런 사태 급변에 따른 대비를 항상 할 수 있는 것도 아니었고, 또 여행업은 고정자산이라야 사무실 집기가 전부나 마찬가지여서 외부 업무 환경 변화 시 굉장히 휘청거릴 확률이 컸다.

경제적인 차원 못지않게 인재 확보와 양성 차원의 고민도 컸다. 기본적으로 이해관계에 따라서 모여 있는 조직이 회사다. 사장으로서 직원을 가족같이 여긴다지만 정말로 가족은 아닌 게 사실이다. 하지만 완벽한 이해관계만으로 회사는 잘 굴러가지 않는다. 사장과 직원이라는 관계는 사람 대 사람이라는 복잡다단한 인간적 역학관계 측면까지 고려해야 하고, 정의적인 차원까지도 생각할 부분이 많다. 나를 포함해 회사에 다니는 모든 직원들이 생각하는 가치가 또 다르기에 각자의 개성과 인생관 등에서 어긋나는 경우가 많았다. 나는 상대를 신뢰해도 상대는 나를 신뢰를 안 할 수도 있는 거다. 이는 어느 직장이든 사람을 만나는 모든 곳에서 겪을 수 있는 인간관계의 어려움과도 일맥상통했으나, 직원과 고용주라는 월급을 주고받는 처지에서 원만한 의사소통을 한다는 것은 보다 그 차원이 다른 문제였다. 각 직원이 자신의 기여도나 자신의 수입에 대해서 나름 불평불만을 지니는 일은 항시 발생했다. 그러한 미묘한 기류 가운데 경제적이고 인간적인 부분을 모두 조율해야만 했다.

내가 만들고자 하는 영풍은 스트레스 없는 직장, 사원들이 즐거운 직장 생활을 할 수 있는 직장이었다. 그런 직장을 만들기 위해서는 그러한 분위기 조성을 위해서 윗사람이 노력을 해야 한다. 경영자와 사원들 간의 갈등이란 없어질 수 없기에 최대한 서로 이해하려고 애썼다. 때로는 내 마음대로 되지 않는 일도 있지만 직원들을 신뢰하면서 일하다 보면 그들도 신이 나고 나도 기쁘게 일할 수 있게 되었다. 또한 나는 경영자로서 고정관념을 탈피하고자 노력했다. 세상은 자꾸만 빠르게 변화하고 있고 사람들도 생각이 많이 변하는데, 내 고집만 내세웠다가는 어떤 일도 제대로 되지 않는다. 내가 가진 고정관념을 탈피하고, 내가 가지고 있는 생각을 희석시키려면 새로운 것을 받아들여야 한다고 생각하면서, 늘 직원들에게 배우고 받아들이려는 자세로 일하려고 했다. 이러한 생각들은 아마도 그동안의 직장 생활을 하면서 일반 직원으로의 경험을 타산지석으로 삼은 덕분이 아닌가 생각한다.

나는 직장 생활 동안 혹독한 훈련 시키기를 마다하지 않는 상사들을 많이 만났는데 그때는 그것이 무척 힘들었지만 여행사 CEO라는 자리에 앉아 보니 나에게 많은 도움이 되었다. 아마 지금 직장생활을 하는 후배들도 힘들고 어려운 상황이 있더라도 잘 견디면 훗날 크게 도움이 되리라 믿는다.

13년 동안 여행업계 밑바닥에서 충분한 노하우와 경험을 쌓고, 그다음 여행사를 오픈한 게 너무나도 잘한 일이었다. 여행업계 종사자들 중, 때가 되면 나와 최미선이 생각했듯이 여행사를 오픈하겠다는 꿈을 가지고 있는 분들이 많을 거라 생각한다. 창업 후 만 30년 넘게 여행사를 운영해 오고 있는 입장으로서, 미래의 여행사 CEO들에게 창업 초창기에 대한 조언을 한다면 두 가지를 말해주고 싶다. 첫째는 사람이요, 둘째는 용기다.

그 가운데 가장 중요한 게 인간, 즉 사람이다. 사람으로 시작해서 사람으로 나아가는 일이니까. 사람 때문에 문제가 생기고 사람 때문에 다시 희망을 갖는다. 같은 사업의 파트너이자 고용자와 피고용인과의 관계, 사람 대 사람이라는 관계. 그러니 사람에 대해서 항상 자기만의 철학을 확실히 할 수 있어야 한다.

다음으로는 늘 용기를 견지하고자 최선을 다해야 한다고 본다.

앞서 말했듯 여행업 그리고 회사를 경영하다 보면 예상치 못한 다양한 문제의 화근이 도처에 도사리고 있음을 직시할 수 있다. 그런 특정할 수 없는 어려움이 닥치리라고 예상해도 이에 대해 항상 완벽한 대비책을 강구할 수는 없다. 다만 우리가 그러한 변화무쌍한 비즈니스의 전개 가운데 내 주변의 사람들을 신뢰하고 함께 용기백배하는 마음가짐을 다져나가려는 마음가짐의 정립이 필요하다고 본다.

창업 초기에는 주변의 여러 여건이 불안정하고 예측불허의 상황이 쉽게 엄습해오기 마련인데 그 불안감은 이루 말할 수 없다. 그럼에도 용기를 내 리스크를 감수하고자 하는 담대한 마음은 물론 세상의 그 어떤 리스크도 위기요인이지만 분명한 기회도 선사한다는 긍정적 마인드로 싸안아야 한다고 본다. 그리할 때 비로소 우리는 위기를 또 다른 기회의 전환점으로 삼아 도약의 발판을 힘차게 내딛고 우리가 간절히 원하는 목표를 향해 전진해 나갈 수 있으리라 믿는다.

제 17장

IMF·사스·코로나 빙하기
위기를 기회로 삼다

풍요 속에서는 친구들이 나를 알게 되고,
역경 속에서는 내가 친구를 알게 된다.
- 존 철튼 콜린스

1997년도에는 전대미문의 외환 위기, 즉 IMF 사태로 인해 대한민국의 거의 모든 기업들과 직장인들이 길거리로 나앉게 되었다. 여행업계도 이를 피해갈 순 없었다. 오히려 다른 산업보다도 타격이 컸던 게 여행업계다. 당시에 아주 잘 나가던, 주요 일간지에 항상 전면 광고를 도배하던, 일세를 풍미하던 종합 패키지 여행사들이 다 줄도산하고 도망가는 등 수난을 겪었다. 하지만 이런 여행업계 흐름과는 달리 영풍항공여행사는 도리어 잘 버텨낼 수 있었다. 그러한 회오리에서 완전히 자유로울 순 없었으나 오히려 반사 이익을 보기도 했다. 줄도산한 여행사들이 핸들링하던 해외여행 수요 일부가 살아남은 우리 여행사로 넘어왔기 때문이다.

영풍이 잘 버텨낼 수 있었던 이유, 그건 역시 내가 삶을 살아오면서 쌓아 왔던 가장 큰 자산이었던 고객과의 신뢰적 인간관계에 있었다. 나는 20살 때부터 다져왔던 인간관계로 맺은 VIP가 많았다. VIP들을 사회생활 초창기부터 만났는데, 운이 좋게도 그리고 신기하게도 그런 분들이 IMF 때 많이 도와줬다. 이전에는 힘들어도 도와주지 않았던 주요 고객들이 IMF 사태를 계기로 나에게 넘어왔다.

이에 관해 첨언하자면 오랫동안 참가해온 골프 친목 모임 이야기를 꺼내지 않을 수가 없다. 이전부터 골프는 단순히 재미있을 것 같다는 생각도 있지만, 관련 서비스의 만전을 기하고자 즐겨왔다. 앞으로 여행사 일을 할 때 손님들이 골프 얘기를 할 수도 있으니. 특히 해외여행을 가는데 골프 투어를 원하는 손님이 매우 많았기에 골프는 여행업자로서 필수 소양이었다. 고객들을 따라가는 입장에서 같이 어울려줄 수도 있어야 하며, 골프 얘기가 통하면 본인이 속한 모임 관련 골프를 의뢰하는 고객도 많았다. 원래부터 스포츠는 좋아했지만, 유독 골프는 일찍 시작했다.

지금 총회장으로 있는 한양대 AMP(최고경영자과정)에서 알게 된 한 사람이 있었다. 그 당시 승승장구하던 벤처 기업 CEO였는데 그분의 소개로 또 다른 내로라하는 대형 벤처 기업 CEO들의 골프 모임에 함께할 기회를 얻었다. 그리고 IMF 사태가 터졌을 당시 그 분의 회사도 부도가 나서, 당시 외상거래를 진행했던 우리 회사는 천문학적인 악성 미수금을 떠안게 됐다. 그로 인한 손실 금액이 지금으로 치면 한 몇십억 원어치나 되었다.

그런데 아이러니하게도 그렇게 궁지로 내몰았던 그 사장이 소개해 주었던 골프 모임의 여러 대기업 및 벤처 기업의 사장님들이 그 사건 이후 나를 도와주었다. IMF 사태 당시에도 여전히 건재하던 15명으로 이루어진 그 골프 모임에 10년 넘게 그냥 단순히 친목 도모와 골프 라운딩 취미 즐기기 차원에서 순수하게 적극 참가했기에 큰 기대를 하지 않았는데도 말이다. 평소 그 모임 회원들을 대상으로 비즈니스를 전개하지도 않았다.

그런데 IMF 사태 이후 맨 처음 나를 그 골프 모임에 소개한 그 CEO로 인해 큰 타격을 받고 나서도 나는 변함없이 그 골프 모임에 나갔었다. 우리네 사정을 잘 알고 있던 골프 모임 CEO들이 의아한 표정으로 나를 쳐다보며 걱정하듯 말했다.

"아니, 조태숙 씨, 그렇게 당하고 여기 나와도 되는 거야?"

그 말에 나는 그냥 소이부답, 웃기만 했다. 내가 아무리 큰 곤경에 처해 있다고 해도 이미 약속한 모임에는 하늘이 두 쪽 나더라도 나가야 한다는 신념이 있었다.

그날 모임 직후에 골프 친목 모임 구성원들로부터 약속이나 한 듯 해외여행(출장) 핸들링을 전폭적으로 맡기겠다는 연락이 쇄도했다.

다들 약속이나 한 듯 이구동성으로 "생각해 보니 조태숙 씨가 여기서 10년 동안 자기들하고 골프를 치면서, 자기들 회사에 거래해달라는 말을 단 한 번도 하지 않았다는 게 이상했다. 마침 종전에 거래해오던 여행사들이 공중분해 되다시피 되었으니 오랫동안 지켜봐 온 영풍에게 믿고 맡기겠다"라고 했다.

그동안 영풍의 주요고객으로 삼을 만한 타겟이 바로 앞에 널려 있는데도 순수하게 골프만 쳤던 점을 높이 사준 것 같았다.

사실 나는 그렇게 거래 제안을 하고 싶은 마음이 있어도, 너무 장삿속으로만 보일까 봐 이야기하지 못하는 스타일이었다. 실제로도 그 사장님들을 고객으로 끌어들이기 위해 골프 모임에 간 게 아니었다. 단순히 여행업자로서 골프가 좋아서 간 거였다. 그 후 골프 친목 모임에 속한 15

개 회사는 영풍에 속된말로 '몰빵'하다시피 했다. 그러면서 농반진반으로 "우리 골프 여행이나 한번 같이 가자"고, 아주 가뭄의 단비와도 같은 제안을 해오기도 했다. 내가 그런 제안을 받는 것은 인간적으로 지극한 감동을 주는 순간이기도 했다. 그래서 이후로 대형 벤처 회사들, 외국계 회사들과의 거래가 자연스럽게 이루어져 항공권을 굉장히 많이 팔 수 있게 되었다.

결국 IMF 외환 위기 국면 가운데 초창기에 몇십억 원의 손해를 보고도, 그리 오래지 않아 손해를 끼친 장본인이 가입하도록 나를 도운 친목 모임 구성원들 덕분에 반사 이익으로 도리어 더 플러스 혜택을 보게 되었다. 그래서 항공권도 가장 많이 팔았고, 관련 항공사들로부터 인센티브도 많이 받는 등 강남에서 대한항공 우수대리점으로 지정되기도 했다. 당시 대한항공의 우수대리점에 뽑혀 다른 사장들 50명과 함께 제주도에 초대돼 접대받은 적도 있었는데, 그 리스트에 여행사 여성 CEO는 내가 홍일점이었다.

그 후 나는 나에게 큰 손해를 끼친 그분에게 받아야 할 미수금을 내 뇌리에서 싹 잊고 이를 깨끗이 포기했다. 이미 끝난 일이라 회생 불가능한 것으로 여기고 단념했다. 또 당시에 우리처럼 그 기업으로 인해 손해를 봤던 회사가 100개도 넘었다. 어쩌면 나는 그가 끼친 손해 이상으로 보은을 받은 것과도 같았다. 하여튼 인생이라는 게 알다가도 모르는 거다.

이후 2007년 글로벌 금융위기 그 당시에도 우리는 큰 여파 없이 무사히 지나갔고, 코로나바이러스가 촉발한 빙하기인 2020 이후에도 손해는 보았지만 크게 흔들릴 정도는 아니었다. 여러 차례 경제적 위기를 지나쳐 오면서 미리 닦아 둔 기반이 있었고, 또 서울 강남에 투자해 놓았던 오피스텔 부동산 등을 통해 나오는 임대수입으로 지탱할 수 있었다.

여하튼 IMF 사태 등 도적처럼 예기치 않게 맞닥뜨리는 위기를 겪으면서 절감한 점은 평상시 끈덕지게 순수한 의도에서 구축한 인간관계의 파워다. 그 과정에서 제일 중요한 건 진실로 다가가는 자세라는 거다. 진실한 우정을 쌓고 진실된 소통을 이어가면 훗날의 불안을 이겨낼 힘이 된다. 아무도 예상하지 못했던 위기의 순간, 예상하지 못했던 사람들이 든든한 도움의 손길을 내밀어 준다.

으라차차 K관광인

제 18장

인자 요산요수, 산에서 답을 찾다

자연을 공부하고, 자연을 사랑하고,
자연 가까이에 머물러, 결코 헛되지 않을 것이다.
-프랭크 로이트 라이트

인자(仁者)는 요산요수(樂山樂水)라는 말이 있다. 모름지기 어진 사람들은 여유를 가지고 자연을 즐긴다는 뜻이다. 공자가 저술한 [논어]에 나오는 어구로 인자요산(仁者樂山) 지자요수(知者樂水)라는 문장의 준말이다. 어진 사람은 산을 좋아하고 슬기로운 사람은 물을 좋아한다는 뜻이다. 논어를 보면 이 말에 이어서 "슬기로운 자는 동적이요, 어진 자는 정적이며, 슬기로운 자는 즐기며, 어진 자는 오래 산다"라는 문장이 이어진다.

어린 시절부터 여행·관광업을 천직으로 여겨온 나는 평소 산에 오르는 것을 무척 즐긴다. 공자님 말씀에 의하면 산을 좋아하는 나는 어진 자로 정적이어야 하는데 실제로는 역동적인 것에 더 마음이 끌린다.

나는 일을 재미있게 즐기면서 하는 편이지만 그렇다고 항상 일하는 게 기분 좋은 것은 아니다. 내가 한 일이 모두 잘 되기만 하고 모두 좋은 성과로 귀결된 것은 아니었다. 일하다 보면 내가 뜻한 대로 되지 않은 경우도 많이 있고 또 실적이 오르지 않아 제대로 잠 이루지 못한 날도 무척이나 많았다. 특히 여행업계는 거래처가 갑작스레 부도가 나서 이미 판매한 항공권 대금을 못 받는 경우도 적지 않기 마련이다. 앞서 이야기했던 직원 관리 문제라든가 인간관계 문제라든가 해서 외부에서 상상하고 생각하는 것과는 달리 여러 문제가 빈번하게 발생한다. 그럴 때마다 주로 골프나 테니스·등산 등의 운동을 즐기고 때로는 친구들과 함께 저녁 식사를 가지며 여러 가지 이야기들을 나누기도 했다. 특히 나는 괴롭고 답답한 마음을 해소하기 위해 오랫동안 등산을 즐겼다. 가벼운 드라이브 후 산에 오르면 기분 정리가 되었다.

산을 좋아했던 건 20대부터였다. 근무하는 여행사의 등산 가는 행사가 있으면 빠지지 않았다. 토요일이면 간단한 배낭 꾸려서 산을 오르기도 했다. 기쁠 때나 즐거울 때나 괴롭거나 흥이 날 때나 언제나 산을 가다 보니, 무슨 문제가 생겼을 때도 산을 올라 문제를 생각하고 풀고 내려왔다. 자연 속에서 편하게 생각하고 편하게 위로받고 편하게 정리하고 내려오면 어떤 문제든 산을 오르기 전보다 편한 마음으로 바라볼 수 있었다.

남산, 도봉산, 북한산 등 특정 산을 가리지 않았다. 울창한 나무 사이로 땅을 밟고 오를 수 있는 산은 다 나의 쉼터가 되었다. 지난해 세상을 떠난 송해 씨의 삶을 다룬, [송해 1927]이라는 다큐멘터리 영화가 인상적이었다. 듣기로는 그에게도 예능인으로서의 커리어에 있어 남산은 잊을 수 없는 곳이랬다. 나의 경우 그렇게 특정 산을 지정할 수는 없지만, 산을 사랑하는 사람에게 산은 그 사람의 인생에 있어 든든한 쉼표가 되어준다는 게 확실한 듯하다.

언젠가는 너무너무 힘들어서 한번 남산에 가 목놓아 펑펑 울었던 적도 있었다. 영풍이 대한항공 최우수 대리점으로 선정될 정도로 서울 강남지역에서 항공권을 가장 많이 팔고 있을 때, 대규모 항공권을 외상 거래했던 한 거래처가 부도를 내서 우리가 그 당시 막대한 손해를 입었다. 옥외 광고를 진행하는 회사였는데, 그 당시의 피해 금액은 오늘날 시세로 몇억 원에 달했다. 당시에는 여행사를 10개 이상 세울 수 있는 그 정도의 큰 금액이었다. BSP(Bank Settlement Plan: 국제항공운송협회에서 시행하는 항공 여객 판매대금 정산제도로 정산은행을 통해 월 2회 일괄 정산하는 거래 제도)의 사무국에 항공권 발권 전에 단돈 10원이라도 부족 없이 사전 입금해야 발권이 가능했는데, 받을 돈을 못 받은 우리 회사가 BSP 부도 직전에 처했다.

그때는 당장의 막막함에 남산으로 달려갔다. 혼자 있고 싶은 장소를 찾고자 남산 소나무 숲에 들어가 하늘을 바라보며 하염없이 눈물을 흘렸다. 동시에 내 마음을 하나님한테 고백하고 내가 어떻게 하는 게 좋을지 고해성사하듯 물었다. 산속에서 하나님에게 기도하고, 하나님과 대화를 나누다 보면 자연스레 울분이 해소되고 기분 통제가 되었다. 실제로 산속에서 기도한 직후엔 신기하게도 일이 풀리는 적도 많았다.

하나님 이야기를 잠깐 하자면, 부모님이 정식으로 교회를 다니시지는 않았지만, 어린 시절 우리 부모님은 주일에는 어린 나를 도덕적·교육적 차원에서 교회로 보내셨다. 교회 가면 좋은 것만 가르치니까 가서 좋은 사람들과 교양을 쌓고 오라는 윤리적인 관점에서 말이다. 어릴 때는 단순히 부모님이 시키시니 놀러 다니며 하나님을 생각했던 것이지만, 실제로 믿음이 돈독해진 것은 사회생활을 하면서였다. 영업일을 하면서 기적이라고 생각되는 사건들을 많이 체험했기 때문이다. 결국 다 사람 사이의 일로 일어난다고 해도, 내게 꼭 필요한 순간에 내게 필요한 사람이 찾아오는 경우가 많았다.

파나여행사 시절 항공권 1만 달러어치를 팔아야 할 때가 있었는데, 학력도 인맥도, 그럴듯한 뒷배경도 없는 20대의 나에게 생각지도 못한 사람이 찾아온다든가. 혹은 보통 사람들은 잘 만날 수 없는 사람들을 나는 기묘한 인연으로 신기한 방식으로 만나기도 했다. 평소 간절히 기도하는 그대로 그것이 신기하게도 이루어지는 경험을 많이 체험하곤 했다.

이런 게 기적이구나 싶었다. 그런 우연의 일치를 나는 다 기적으로 여기곤 했다. 예컨대 고위층 인사, 원래라면 내가 만날 수 없는 사람들을 만나는 것도 다 하나님이 만나게 해주신 거였다고 본다. 여기엔 나를 위한 목적도 있겠으나 심모원려의 사명도 담겨 있다고 여기곤 했다. 이를 나는 잘 살려야 한다고 받아들였다. 그런 식으로 믿음은 점차 강해졌다.

주신 생명은 내가 최선을 다해서 관리하고 잘 간수해야 한다는 기본적인 생각을 바탕으로 산에 갔다 오면 내 안의 긍정적인 힘이 새록새록 충전됐다. 그렇게 산을 다녀온 뒤 다시 심기일전하여 회사 부도 위기를 떨쳐낼 다각도의 노력을 전개해 나갔다. 신용으로 은행 대출도 받고, 몇몇 고정 거래처에겐 현금으로 거래를 부탁했는데 그들 업체들은 기다렸다는 듯 본래 후불제였던 거래를 잠정적이나마 선입금제로 바꿔줬다.

그렇게 영풍이 위기를 조금씩 벗어나는 것을 목도하면서 나는, 언제나 하나님께 감사하고 산을 즐겨 찾곤 한다. 오늘날에도 여러 등산 모임의 회장직을 맡고 있는 데 그 가운데 여성경제인협회 오름회 등산 회장과 관광인등산회 부회장 등 여러 등산 동우회에서 등산을 매주 즐긴다.

제 19장

영원히 풍성한 여행을 디자인하다

낙관주의는 성공으로 인도하는 믿음이다.
희망과 자신감이 없으면 아무것도 이루어질 수 없다.
- 헬렌 켈러

여행사 일을 하다 보면 TC(tour conductor_국외여행인솔자) 직분도 많이 수행한다. 해외여행을 하는 우리나라 고객들을 대상으로 여행 목적지 지역의 관광 명소와 여러 현지 일정을 안내하고 여행자들에게 필요한 서비스를 제공하는 업무다. 나 또한 지구촌 곳곳을 두루 다니고 싶다는 염원에서 여행사 일을 시작한 것이기에 단체 여행 에스코트로 해외를 나가는 모든 순간순간을 즐길 수 있었다. 누군가와 함께 내가 가장 좋아하는 여행을 한다는 것이 어찌 보면 일을 한다는 생각보다는 놀러 가는 기분이었다. 에스코트라는 생각보다는, 그냥 친구 친척들하고 같이 간다고 생각하면 서로 소통이 안 될 게 없고 인간 대 인간으로 우정을 더욱 돈독하게 쌓을 수 있었다.

여행사 CEO로서 해외 에스코트로 나갈 때 여러 장점도 있었다. 내가 여행사의 최고 의사결정권자이다 보니 융통성 있게 제반 현지 진행 업무를 처리할 수 있는 여지가 많았다. 간단한 서비스, 방마다 과일바구니를 넣어줄 수 있는 건 기본이다. 소소한 문제들은 내 선에서 모두 커버해줄 수 있었다. 맘껏 융통성을 발휘하면서도 적당한 통제력을 가질 수 있다는 점에서 내게는 보다 유쾌하고 자유로운 여행이 되었다. 그러니 여정의 곳곳에 도사리고 있는 여러 장애물은 오히려 내가 즐긴 부분이었다. 크게 돈 들이지도 않고 좋은 사람들하고 어울린다는 점, 그런 대열에 껴 있다는 것에 나름의 자부심도 만끽했다.

사실 지구촌 방방곡곡으로 해외여행 단체여행을 인솔해 가는 것은 쉬운 일이 아니다. 여행에 참여하는 많은 사람이 각자의 개성과 취향, 성격을 달리하며 그들 각자의 요구를 적절히 조율해 최대한 모두가 만족스러울 수 있는 방향으로 끌고 나가야 하기 때문이다. 하지만 또 어렵게 생각하면 여정을 진행해 나가는 게 여간 힘든 일이 아니다. 이를 쉽게 이겨낼 수 있는 건 다름 아닌 내가 이 사람들과 여행을 간다고 생각하는 마음가짐에 있다. 많은 단체를 인솔해 가다 보면 물론 매 순간이 좋을 수는 없다. 스트레스를 받는 일은 항상 생긴다.

하지만 어떤 여행을 가든, 정말로 잘 아는 친구와 여행을 간다고 할지언정 사람 사이의 일에는 미처 예기치 못한 문제가 생길 수밖에 없다. 내가 투어 컨덕터로서 여행을 간다고 해도 별다를 게 없다. 여정 중에 아주 참담하거나 예상치 못한 사고가 일어나도 아주 스트레스를 받는 일이란 일어나기 힘들다고 내 마음을 긍정적으로 가다듬곤 한다. 여행 중에 일어나는 일은 웃음과 술 한잔으로 이야기를 하면 저절로 풀리는 것이다.

당연히 여행객들 중에는 트러블 메이커가 있다. 수십 명씩 함께 이동하다 보면, 아무리 그 구성원이 명망가와 인격자들로 조직돼 있다 하더라도 한두 명씩은 트러블 메이커가 나올 수밖에 없다. 하지만 세간에서 '트러블 메이커'라고 부르는 이들을, 나는 그렇게 심각한 트래블러라고 생각하지 않는다. 어차피 사람은 다 다르고 또 서로가 모르는 트러블 요소를 갖고 있을 수 있으니까 말이다. 어떤 사람이든 단체에 껴 있는 게 나쁠 거 없다는 것이다. 뭐든지 긍정적으로 생각하는 게 몸과 정신에 도움이 되는 법이다. 그리고 그런 개성이 강한 사람들과 여행하다 보면 '앞으로의 여행 비즈니스에 있어서는 내가 이러저러한 부분을 준비해 둬야겠다'라든지 미래를 위한 피드백으로 삼을 수 있다.

나는 상처를 받아도 빨리 잊어버리는 성격이다 보니, 또 빨리 풀어내려는 생각이 있다 보니 사람 사이 마찰이 생기면 그날 그 자리에서 그냥 함께 풀어버린다. 마찰을 빚은 상대가 어떻게 나오건 과다 긍정의 태도로, 당신과 대화를 나누고 싶다는 열린 자세로 다가가면 서로 스트레스를 덜 받는 방향으로 풀어낼 수 있다. 그리고 확실한 것은, 여행을 온 사람들은 모두 순간을 즐기러 온 사람들이다. 남은 시간 동안 즐겁게 놀아야 하는데 굳이 진상을 부리고 트집을 잡을 필요는 없다. 그 사람도 손해이고 나도 손해 볼 행동을 뭐하러 하냐는 거다. 그런 사실을 알고, 모두가 결국에는 즐길 수 있는 방향으로 마무리되어야 한다고 본다.

아니면 여행사 CEO로서 약간의 보너스 서비스도 제공할 수 있다. 예컨대 한 고객이 무엇인가 불만이 많다면 재빨리 알아채 기념품을 선물한다든가, 방을 더 좋은 객실로 바꿔준다든가, 더 맛있는 밥집으로 데려간다든가 등 상대방의 마음을 누그러뜨릴 수 있는 접대를 하는 거다. 무엇이든 화가 난 고객의 마음이 풀릴 수 있는 방향으로 내가 행동하면 대개 그쪽에서도 내 진심을 알아준다. 나의 진심을 더 다듬어 확실히 보여줄 수 있는 좋은 수단을 강구하면 상대도 감동한다. 내게 스트레스를 주는 고객에게 돈을 쓰고 싶지 않다는 마음이 아니라, 다 같이 즐길 여행을 위한다는 진취적인 생각으로 융통성 있게 누군가에게 다가가면 어지간한 컴플레인 같은 건 다 해결이 된다.

여행을 이끌며 사사건건 꼭 이익을 내야 된다고 고집하면 고객의 반감만 산다. 사업이라는 거는 손해 볼 때도 있고 이익 볼 때도 있고, 또 손해처럼 보일지라도 앞으로의 더 큰 이익을 얻기 위한 투자라고 생각할 수도 있다. 요컨대 장기적으로 보았을 때 나의 이미지나 회사의 이미지에 절대 손상이 안 가는 쪽으로 택해야 한다는 게 내 소신이다.

여행은 나에게 훌륭한 선생님이다. 여행을 하면서 나는 많은 것을 배운다. 그림 속에 내가 들어가 있으면 그림을 볼 수 없지만 내가 그림 밖에 있으면 전체 그림을 볼 수 있듯이 일하다 보면 일상생활에 젖어 내가 나를 멀리서 보지 못하기 일쑤다. 그런데 여행을 가면 그곳에서 나에게 고맙게 해준 사람들도 있고 나를 반성하도록 해 어떤 점을 더 신경 써야 하는지를 생각하는 고객도 있기에 삶과 여행은 일맥상통한다고 본다. 여행은 나를 그림의 틀 속에서 벗어나도록 도와주는 매개체다. 또한 여행 중 조우하는 자연이 가르쳐주는 여러 깨달음을 통해서 인생의 값

진 교훈을 얻을 수도 있다. 자연 속에서 나는 과연 현재의 위치에 만족하는지 냉철하게 나를 생각하게 된다. 그러면서 현실에 만족하면서 살아가려고 노력하게 된다. 또 잃어버린 나를 찾고 자신감을 얻기도 한다.

지금도 나는 1년에 수십 회의 여행을 다녀온다. 국내 여행은 20~30회 정도, 해외여행은 10~15회 정도로 인솔자로 여행을 다녀온다. 물론 대부분 사업상 다녀오는 여행이긴 하지만, 여행을 가면서 일이라는 생각을 해본 적은 없다. 여행지에서 유서 깊은 장소, 아름다운 풍경이 있는 곳, 특이한 곳을 다니며 많은 것을 느끼고 생각하고 그렇게 즐기면서 일하다 보면 어느새 사업상 필요한 일을 다 마치게 된다. 아마도 나와 여행, 나와 일은 떼려야 뗄 수 없는 관계인가 보다. 나는 다시 태어나도 여행업자·관광인이 되고 싶다.

내가 가진 재산이 있다면 그것은 하고 싶은 일을 즐기고, 좋은 사람이 주위에 많다는 것이다. 나는 인덕이 많은 사람 같다. 언제나 내 주변에는 좋은 사람들이 있고, 지금 우리 회사에서 일하는 직원들도 모두 성실하고 착한 사람들이다. 그 가운데 20년 이상 나와 함께 장기 근속한 박수영 부사장을 비롯해 김유정 이사, 최미강 지사장, 정난애 이사, 최미선 이사, 최미희 부장, 최재희 부장, 신채화 실장, 유희정 실장 등등 그 이름을 모두 열거할 수 없다.

그건 내가 노력한다고 해서 주어지는 일도 아니고 저절로 주어진 인적 자산이라고 생각한다. 본래 낙관적이기에 나는 많은 것에 감사하면서 행복감을 느끼면서 살고 있고, 여행을 통해 그러한 낙관적 사고방식을 강화해 왔기에 가능했다고 본다.

으라차차 K관광인

제 20장

가까울수록 미안한, 가족에 대해

반성하지 않는 삶은 살 가치가 없다.
- 소크라테스

나는 중학생 시절 일본의 늦깎이 크리스천 여류작가로 중년 넘어 왕성한 창작활동을 펼친 마우라 아야코의 베스트셀러 역작 <빙점>을 감명 깊게 읽었다. 이 책의 종반 부분에 등장하는 다음과 같은 문구가 특히 인상적이었다.

"지금까지 성실하게 살아온 요코의 마음에도 빙점이 있었다는 것을! 제 마음은 얼어버렸습니다. 요코의 빙점은, 너는 죄인의 자식이다, 라는데 있었던 거예요."

저자는 이 [빙점]에서 소설 속 등장인물들의 빙점 즉 각자 내면 깊이 잠재돼있는 약점, 이성 상실의 원인이 되는 사건과 행위에 대해 적나라하게 파헤쳐 큰 공감을 자아냈다. 나는 당시 내 내면 깊이에도 내 마음을 얼어붙게 만드는 여러 빙점에 대해 숙고하며 밤잠을 설치기도 했다. 미우라 아야코는 젊은 시절 당시에 거의 죽음에 이르는, 불치병이나 진배없던 폐결핵에 걸려 13년 동안 격리 병실에서 요양을 하다 보니 결혼은 미처 꿈꿀 여력이 없었다. 그러다가 운명적으로 그녀의 삶에 큰 영향을 끼친 두 명의 크리스천 남자(마에카와 소, 미우라 미쓰요)를 만나면서 크리스천이 되고 불가능해 보였던 결혼을 늦은 나이에 하게 된다.

미우라 아야코는 훗날 펴낸 자신의 자서전에서 결혼 첫날밤을 다음과 같이 회상했다.

"기도를 마친 서로의 눈에는 눈물이 넘치고 있었다. 드디어 미우라는, '피곤할 테니 오늘은 쉬도록 해요'라고 상냥하고 친절하게 배려해줬다. 그리고 내 손가락 하나도 건드리지 않고 키스도 없이 자신의 이불 속으로 들어갔다. 너무도 조용하고 너무도 경건한 밤이었다."

이처럼 미우라 아야코는 내 삶의 롤모델이자 로망이었다.

나는 일과 여행, 그러니까 내가 원하는 내 삶을 누리느라 결혼이라든가, 이성에 대해 그다지 관심을 갖지 않았다. 나이는 결혼 적령기가 지났는데도 결혼에 그다지 큰 관심을 보이지 않자 큰언니가 옆집 사람을 소개해 주면서 선을 보라고 하였다.

그러나 나는 결혼하게 되면 일에 방해가 되고 여행·관광 비즈니스를 전개해 나가기가 불가능하리라는 생각이 들어 결혼을 원하지 않았다. 그런데 큰언니가 워낙 적극적으로 서두르는 바람에 선 아닌 선을 보게 되었다. 선을 보러 가는 날, 그날도 역시 나는 다른 때와 다름없이 바지에 운동화 차림으로 머리 손질도 하지 않은 채 약속 장소에 나갔다. 사실 선이라는 생각보다 사람 한 명 더 알아두어 비행기 표라도 한 장 더 팔 생각을 하고 나간 거였다.

내 외모를 본 큰언니는 당장 나가서 머리 손질이라도 하고 오라고 난리였는데, 나는 시간이 없다는 이유로 서울 중구 소공동 롯데호텔 카피숍으로 그냥 나갔다.

선을 보러 나온 여자가 영 신경 쓰지 않은 외모로 나왔으니 상대방이 기분 좋을 리가 없었을 터다. 더구나 대화 내용은 온통 여행 업무 관련 이야기였으니 그야말로 선이 아니라 고객과의 만남을 방불케 하는 그런 만남이었다. 선을 본 후 6개월이 지난 어느 날, 고객들을 비롯한 내가 아는 이들에게 크리스마스 카드를 보냈는데, 그때 그 사람에게도 카드를 보내 주었고 답장을 받았다. 그리고 6개월 후 전화통화를 하게 되었는데, 그 후로 계속 만나게 되었다. 물론 그때도 이성이나 결혼할 사람으로서의 만남이 아니라 서로 각자의 일이 있는 사람으로서, 친구처럼 만나 가끔 함께 데이트를 했다.

어느 날 그 사람이 내게 남성적인 이미지를 벗고 여성다운 멋을 뽐내 보는 것이 어떻겠냐고 제안해 왔다. 그냥 웃어넘겼지만 나중에 나는 친구와 함께 시내에 나가서 그 사람이 말한 대로 머리부터 발끝까지 일대 변화를 주었다. 꼭 그 사람이 한 말대로 하기 위해서가 아니라 그렇게 하다 보니 재미가 있었고, 변한 내 모습도 신기하고 재미가 있어 그렇게 한 것이었다. 다음날 그 모습대로 회사에 출근했는데, 한마디씩 하는 사람들의 반응도 재미있었고, 그런 달라진 평판이 싫지 않았다.

나는 그 사람에게 전화해서 만나자고 했다. 약속장소에 나갔더니 그 사람은 무척 놀라워했다. 내가 무척 많이 변했으니까. 그가 한 말 대로 차리고 나간 나를 보고 그는 내가 그를 무척 좋아하나 보다라고 생각했다고 한다. 여하튼 그 일을 계기로 본격적인 교제가 시작되었고, 1987년

10월 21일 내 나이 32세, 남편의 나이 36세에 결혼했다.

여담이지만 결혼식 날짜를 21일로 잡은 것은 남편이 당시에 다니던 삼성그룹의 급여일이 21일이기에 결혼 기념일을 기억하기 쉽게 그렇게 택일했다. 함안 조씨 6남매의 막내딸인 나는 이렇게 전주 이씨 5형제 장손의 맏며느리가 되었다.

지난 수십여 년의 결혼생활을 돌이켜 보니 나의 커리어를 위해 무척 바쁘게 달려온 만큼 가족에게는 항상 미안한 마음이 컸다. 남편에게 아내로서, 딸에게 엄마로서 충분한 역할과 노릇을 하지는 못했다. 결혼 35년을 맞은 지금도 아내와 엄마의 역할을 제대로 못하고 있는 것 같다는 생각이 든다. 그래서 이따금씩 그런 생각도 했다. 나 같은 사람은 어쩌면 결혼을 안 하는 게 좋지 않을까 하고 말이다.

결혼하기 전에는 내가 가정에서의 역할을 나름대로 잘할 수 있으리라 생각했지만, 결혼을 한 후에 미안한 마음은 더 커졌다.

나의 개인적인 문제만이 아니라 사회적인 문제도 있다. 우리나라는 여자가 사회 생활하면서 결혼 생활을 성공적으로 하기란 아주 어렵다. 남자들의 사고방식 또한 기본적으로 가부장적이다. 우리나라 합계 출산율이 0.78로 세계 꼴찌를 기록한 것도 어쩌면 그런 문화의 영향도 크다고 봐야 하겠다.

아무리 슈퍼우먼이라도 일과 가정을 양립하기란 불가능에 가깝다. 나는 여성 CEO로서 무엇인가 이루고자 하는 열망과 야망이 아주 컸기에 결혼했다고 해서 집안일을 우선하는 게 쉽지 않았다. 그렇다면 정말로 결혼하지 말고 자기 길을 더 가는 게 맞는 건지도 모른다. 이런 점을 주변에서는 잘 알 수 없기에 내게 점수를 후하게 준다.

하지만 우리나라는 결혼하면서 사회생활도 원활하게 할 수 있는 제도가 잘 갖추어져 있지 않다는 게 문제다. 또 여성에게 유리천장이 여전히 너무 높고 두껍고 견고하다고 본다. 이를 감수하고 뛰어들기에 너무 힘들다. 하나를 얻는다면 하나를 잃을 수밖에 없다. 그러니 딸과 남편에게 엄마와 아내로서의 점수를 매겨 보아라 했을 때, 내게 50점만이라도 주면 굉장히 고마운 거라고 본다. 나는 나를 잘 아니까 말이다.

지난 세월을 돌이켜보면 여성 CEO로서 내가 얻은 타이틀이 여러 개 있었다. 여성으로서는 대한민국 최초의 세일즈우먼 출신 여행사 CEO 등 실적 면에서의 최우수 여행사 여성 CEO, 마당발 여사장 등 여러 수식어 신화가 많지만 그런 여성 CEO로 오늘날까지 지내오면서 가정사와 관련해서는 좋은 타이틀을 따지 못했다고 본다. 아울러 나로 인해 가족이 희생한 거라고 생각한다.

이렇게 엄마로서 아니면 아내로서의 역할에 대해서 반성을 많이 하게 된다. 스스로 뼈저린 자아성찰과 반성의 회한이 몰려온다.

'아, 내가 여행 비즈니스에 있어서 쌓아 올린 것은 많고 또 인맥 네트워크가 아무리 견고하다 해도 그중에서 정말 가장 가까운 사람들한테는 내가 진짜 소홀히 했구나.'

그런 좋은 아내와 엄마 역할을 하지 못했다고 자성하다 보니 앞으로 후회하지 않을 행동을 하고 싶을 뿐이다. 그렇기에 지금이라도 반성하며 최선의 노력을 기울이자는 마음이 굴뚝같다. 전에는 왠지 '나' 중심이었다면 이제는 내가 예전보다 가족을 위해서, 뭐라도 내가 할 수 있는 거를 생각해 실천하려고 노력한다. 이를 통해 조금이라도 과거를 만회해보고자 한다.

제 21장

K관광문화재단 설립, 그 창대함을 위해

나이가 70이다 80이다 하는 것으로 그 사람이 늙었다 젊었다 할 수 없다. 늙고 젊은 것은 그 사람의 신념이 늙었느냐 젊었느냐 하는 데 있다.
- 맥아더

영풍항공여행사를 운영해 온 지 40여년에 근접해 있는 지금, 언제부턴가 내게 여행 비즈니스는 나의 생활 그 자체가 되었다. 여행이 곧 생활이고, 내 삶은 여행이라고 해도 과언이 아니다. 놀아도 회사에서 논다 생각하고, 일상생활도 여기서 한다고 생각한다. 그러니까 영풍은 내 인생이요 지금도 걸어가는 나의 길이다. 내가 잘 가고 잘 마무리해야 될 길이다.

앞으로 내가 나아가야 할 길이 있다. 지금까지는 그 길의 중간 정도를 거닐었다고 본다. 앞으로 영원히 풍성한 그 너머를 더 내다보는 게 나의 꿈이자 비전이다. 다만 이건 나의 길에 대한 것일 뿐, 영풍의 길은 또 다름을 밝혀 둔다.

나는 그저 영풍을 처음 시작한 사람일 뿐, 영풍 그 자체는 아니다. 영풍은 하나의 여행사 법인으로서 영원히 풍성하게 이 세상에 남아있을 거라고 믿는다. 그러니까 영풍이라는 이름을 지을 때도 그 의미를 생각했듯이, 먼 미래에도 영원히 풍성할 수 있도록 누군가 이어서 하면 되는 거라고 본다. 나 다음으로 영원히 풍성하게 경영할 사람은 영풍과 관계된 자들 중 최고의 주자가 계속 이어나가면 된다. 아름다운 여행을 영원히 즐기는 분들이 이것을 계속 발전시켜 나갈 수만 있다면 좋다. 그 누구든지 바톤을 이어 계속 도약을 이루어야 또 다른 토대를 이루고 꽃을 피울 수 있다. 결국은 영원히 풍성할 씨앗을 토대로 삼아서 영원히 풍성하게 키워가면 된다.

앞으로 잘되어야 하는 것은 영풍뿐만이 아니다. 여행·관광업계에 속한 영풍을 포함한 모든 여행사가 서로에게 도움이 되는 경쟁 및 협력 관계를 이어나가면서 다 함께 여행업을 발전시켜 나가야 하리라 본다. 여행사는 정치·경제·문화·사회적으로 세상에 영향을 많이 주는 직종이다. 대한민국의 관광산업 발전, 대한민국의 국민들의 행복 증진에 미시적이면서 거시적으로 기여한다고 확신한다. 그런 의미에서 영풍의 사장으로서가 아닌 대한민국의 여행·관광인으로서 K관광문화재단을 설립했다.

앞서 거론했듯이 중학교 2학년 즈음 읽은 책 중 [빙점]이라는 소설이 있다. 일본의 여류작가 중에서도 우리나라 사람들에게 가장 많이 사랑받고, 가장 많이 번역되고, 가장 많이 읽힌 작가 미우라 아야코의 [빙점]. 그녀가 쓴 [빙점]에서 특별히 감명을 받은 것은 유산에 대한 대목이다.

유산이란 무엇인가. 자신이 죽을 때 세상에서 얻은 것을 남기고 가는 게 유산이 아니라, 세상에서 얻은 것을 어떻게 쓰고 가느냐가 유산이라는 신념이 생겼다. 당시에는 아직 돈을 벌어본 적도 없는 중학생, 철이 덜 든 사춘기 시절이라고 할 수 있는 학생 때 이상하게도 이 대목이 마음에 깊이 와닿았다. 그전까지는 단순히 초등학생 때부터 철없는 욕망으로 돈을 많이 벌어야 되겠다고 생각했었다. 하지만 단순히 돈을 버는 것이 목표가 아니고, 그 돈을 벌어서 잘 쓰는 게 중요하다는 점을 깨닫게 해준 소설이 그 [빙점]이었다.

'좋은 일에 내 유산을 사용하고 갈 수 있는 일, 사회에 도움이 되는 유산을 남기고 갈 수 있는 일을 찾아야 되겠다.'

그때 마음 깊이 그렇게 다짐했다.

영풍항공은 앞으로 계속 영원히 풍성하게 흘러가길 기대하고 소망한다. 그리고 나는 영풍에서의 생활을 포함해 일생에 거친 사회생활 경험, 인간관계를 다 묶어서 영원히 풍성한 꽃을 피우고 싶다.

그래서 K관광문화재단을 출범하게 되었다. 얼마가 됐든 간에, 40년 가까이 여행관광업계에 몸담으며 쌓아 왔던 것들을 한 번 중간 점검하여 관광문화재단에 쏟아부을 작정이다. 어릴 때는 단순히 왠지 가슴에 와닿아서 여행을 좋아했고, 또 단순히 돈을 많이 버는 사장이 되어서 좋은 일을 많이 하고 싶다고 그랬던 나다.

결국 여행·관광업계에서 CEO로 잔뼈가 굵었으니 여행·관광업계 미래의 발전을 위해 좋은 일을 하고 싶다. 그래서 쭉 계획해오던, 어림잡아 수십억 원을 투자한 K관광문화재단 사업을 시작하고자 한다.

그동안 숨 가쁘게 달려왔다. 이제는 지금까지 모은 것 중 3분의 1은 하나님의 영광을 위한 해외선교 활동에, 다른 3분의 1은 관광문화재단의 진흥과 활성화에, 나머지 3분의 1은 나와 가족, 내 친구와 주변을 위해 사용하고자 한다.

그러니 앞으로는 더 바빠질 거다. 이제 본격적으로 재단 운영에 박차를 가해야 한다. 헤이리예술인마을이 관광문화 특구나 마찬가지이다 보니, 이곳에 재단을 기반으로 두어 가상 여행 박물관도 만들 수 있고, 관광 관련 책도 출판하고, 여러 가지 세미나와 전시 등 중점 사업 몇 가지를 기획 및 추진할 예정이다. 무엇보다 관광 장학 사업을 시작할 생각에 마음이 설렌다. 앞으로 사업을 어떻게 벌리냐에 따라서 달라지겠지만, 공익 증진 차원에서 이 사업의 범위를 점차 넓혀가고자 한다.

누가 뭐래도 관광과 문화는 지구촌 시민들에게 선택이 아니라 필수다.

현시점 한국 여행·관광업계를 대표하는 협회는 세 개다. 한국관광협회중앙회, 서울시관광협회, 한국여행업협회(KATA)인데, 이들 협회에서 임원과 위원장으로 일하다 보니 아쉬운 점이 적지 않았다.

회원사를 위해서 봉사를 한다든가, 여행업계를 위해서 관과 민의 그 중간자 역할을 해오면서 보다 직접적으로 한국 관광 진흥에 이바지하고 관여하고 싶다는 마음이 간절해졌다. 그렇기에 내가 꾸려 갈 이 재단에는 내가 경험했던 여행·관광 관련 협회의 보완점을 조금 더 녹여보기도 하고, 회원사들을 위한 비즈니스 플랫폼도 만들어 보며 좀 더 주도적으로 업계 발전을 위해 나의 재산과 경륜을 환원하는 일을 하고 싶다.

어쩌면 나는 지금까지 나와 가족과 회사와 주변 사람들을 위해서 일해 왔다. 이제는 그동안 여행·관광인으로 갈고닦아 온 경륜을 토대로 인생의 멋진 피날레를 장식해보고자 한다. 이와 관련해 내가 몸담아 오며 잔뼈가 굵은 여행·관광업계에 내가 축적재온 재산의 상당 부문을 환원하고자 결심하고 그 실행의 첫 단추를 끼우니 내 마음이 편안하다. 이제부터 이를 실행에 옮기기 위해 내가 해야 할 일은 무궁무진하리라 본다. 우리나라의 관광문화산업의 진흥을 위한 일이라면 할 게 너무 많다. 이러한 사명을 완수하기 위해 그동안 쌓은 인맥을 총동원하고, 재능기부나 현물기부를 모두 받아 모아 여러 관련 행사를 진행하며, 지금까지 즐거운 마음으로 동행해온 분들과 함께 멋진 청사진을 펼쳐 나갈 생각에 벌써 가슴이 벅차오른다.

언제부턴가 일국의 경제 부흥 차원의 새로운 먹거리와 관련해 '6차 산업'이라는 용어가 회자 되고 있다. 이는 농업·어업·임업·광업 등과 같은 1차 산업에 2차 가공(제조)산업은 물론 3차 서비스(여행·관광)업과 융합해 새로운 부가가치와 일자리를 만들어내는 산업을 일컫는다. 6차 융복합 종합산업의 부흥을 이루려면 그 과정에서 여행·관광서비스산업의 역할과 기능이 필수불가결하다는 것을 알 수 있다. 예컨대 농작물을 재배해 판매하는 것으로 충분한 농가소득을 얻지 못하는 농가가 농작물을 가공·판매거나 한걸음 더 나아가 농장을 체험농장으로 만들고 숙박 서비스 등을 제공해 부가 수익을 눈에 띄게 제고할 수 있다.

세계 관광산업은 지구촌 전체 GDP(국내총생산)의 10%를 웃도는 9조 2000억달러 규모로 앞서 거론한 6차 산업의 중요한 축이자 미래 먹거리다. 관광산업은 그 규모로 보면 이미 세계 5대 수출 산업이다. 2019년만 해도 지구촌 시민들 15억 명이 해외여행을 즐겼는데 매일 400만 명이 나라밖 여행을 하고자 항공기에 오른다는 얘기다. 2030년에는 그 숫자가 18억 명으로 늘어나리라고 전문가들은 예측한다.

그런데 한국의 GDP(국내총생산)에서 관광산업이 차지하는 비중은 4% 안팎으로 OECD(경제협력개발기구) 회원국 가운데 최하위 수준의 초라한 성적표다. 장차 우리나라를 먹여 살릴 수 있는 산업으로 반도체나 2차전지 분야도 중요하다. 하지만 이와 관련해 계속해서 성장하는 산업임은 물론 단기·중기·장기를 망라하는 중요 미래산업군 가운데 더 유망한 여행·관광산업에 대해 우리 모두 지대한 관심을 기울일 당위성과 필요성이 높다고 본다.

주지하다시피 우리나라 합계 출산율은 0.78명에 불과해 OECD 국가들 가운데 꼴찌다. 그런 흐름 가운데 우리나라 군소 지방 도시는 물론 대도시 일부 지역은 인구 소멸 위기의 심연으로 빨려들고 있어 경고등이 켜진지 오래다.

일본의 아베 전 총리는 재집권하면서 관광산업의 부흥을 통해 잃어버린 20년이라는 장기 경제 침체와 인구 급감으로 인한 지방소멸이라는 대위기에서 벗어날 수 있다고 확신하고 관광산업 진흥에 국력을 한데 모아 매진했다. 그렇게 일본이 정부 차원에서 관관산업 진흥에 강력 드라이브를 건지 얼마 되지 않은 2013년부터 외국인 관광객 유치 실적·성과 면에서 우리나라를 앞질렀다. 2018년에 일본은 방일 외국인 관광객 3,000만 명 시대를 열어 지방 소멸과 경제 위기 극복이라는 두 마리 토끼를 잡는 데 성공했다.

우리도 이러한 일본 정부의 사례를 벤치마킹해 우리나라 관광 경쟁력을 획기적으로 끌어올리기 위한 각고의 전략 수립과 실행이 절실하다고 본다.

코로나 빙하기 이후 2023년 들어 일본 엔화 약세 영향도 있겠으나 관광산업 국가 경쟁력 차원에서 이미 우리나라보다 몇 수 위의 비교우위 경쟁력을 지닌 일본이 GDP 성장률에서 25년만에 우리나라를 추월할 가능성이 한층 높아졌다.

일본의 이러한 놀라운 뒷심 발휘는 아베 전 총리 집권 이후 괄목상대할 정도로 높아진 외국인 관광객 유치 경쟁력이 크게 기여한 것으로 보인다. 이와 관련해 일본 NHK방송은 "반도체 부족 문제가 완화되면서 자동차 수출이 늘었고 통계상 수출로 잡히는 방일 외국인 여행자들의 일본내

지출이 크게 증가한 게 깜짝 성장에 기여했다"라고 분석했다.

이러한 절체절명의 위기 흐름 가운데 우리가 주목해야 할 사항은 K팝·K드라마 등 K문화콘텐츠를 단순히 즐기는 수준을 넘어서 기꺼이 소비하고 그 현장을 찾아 생생한 감동을 느끼고자 염원하는 '코어 팬덤(핵심 팬)'이 선도하는 한류 팬이 무려 2억 명에 이른다는 사실이다. 이로 인한 우리나라 경제 유발 효과는 8조 원에 이르고 한류 팬의 잠재적 수요 층인 전 세계 10~30대 인구를 고려하면 K문화콘텐츠의 확장 가능성은 무한대에 가깝다고 해도 과언이 아닐 것이다.

이러한 현실 여건을 감안해 중앙정부는 물론 지방 도시들이 절박한 마음으로 앞장서 보유 관광·문화자원을 최대한 활용하는 데 사활을 걸어야 우리나라 관광·문화산업이 나라를 먹여살리고 절체절명의 인구 위기를 극복하는 데 크게 기여할 수 있다고 본다.

이러한 도도히 흐르는 지구촌 시대의 흐름을 간파해 지금껏 나와 접점이 없었던 분들이라도, 한국 관광·문화산업의 진흥을 염원하고 갈망함에 있어서 나와 의기투합하는 분들이라면 이 일에 동참해서 보람을 만끽하고 우리 한국 관광·문화산업의 진흥에 이바지하게 되길 염원해본다.

으라차차 K관광인

영원히 풍성하고 아름다운
여행 플래너로 사는 법!
5백 원 들고 상경해 K관광문화재단
설립하기까지의 Story

인쇄·발행	2023년 8월 25일
지은이	조태숙
펴낸 곳	글로벌마인드지엠(주)
발행·편집인	신수근
편집 보조	곽연서
편집디자인	이수인
등록번호	제1997-000031호
주소	서울 관악구 관악로 105 동산빌딩 403호
전화	02-877-5688(대)
팩스	02-6008-3744
이메일	samuelkshin@naver.com

ISBN 978-89-88125-62-5 부가기호 03810
정가 17,800원